AF452048

1414

31363

Toulouse

SOMMAIRE

DES MOYENS

DE L'ARCHEVESQVE DE THOLOSE,

Contre les pretentions de Monsieur le premier President, & autres du Parlement.

M. DC. XXIX.

AV ROY.

IRE,

Estant troublé par quelques vns des principaux officiers de voſtre Parlemĕt de Tholoſe en l'ordre du ſeruice de l'Egliſe, en la direction de l'hoſpital, & aux prerogatiues que j'ay dans l'vniuerſité, qui ſont trois des principales functions de la charge à laquelle il a pleu à voſtre Majeſté de me promouoir, I'ay recours à vous, SIRE, qui portez ſi juſtemĕt le tiltre glorieux de protecteur de l'Egliſe, que ſi vous ne l'auiez receu auec la Couronne de vos predeceſſeurs, vous l'auriez acquis en luy rendant l'vſage de ſes Autels en pluſieurs villes où

A

elle eſtoit opprimée. Cette meſme Egliſe
implore voſtre authorité pour conſeruer
ſes Prelats dans la liberté de leurs functions, auec la dignité, & les preéminen-
ces qui leur ſont deuës, & dont ils ont
joüy de tous temps dans voſtre Royaume.
Ils n'ont pas beſoin pour ce ſujet de vos
armes victorieuſes. Vne declaration de
voſtre volonté, vn oracle de voſtre bouche
les affranchira des empeſchemens qu'ils
reçoiuent. Les Rois d'Eſpagne ont profi-
té ſoigneuſement de ſemblables occaſions
pour donner ſans peril des preuues publiques de leur pieté. Philippes ſecond alla
à l'Egliſe de Valence pour condemner vne
pretention de ſon Viceroy par vn jugement muet, en faiſant preſenter la paix à
l'Archeueſque deuant que la receuoir.
Voſtre Majeſté qui cherche la gloire dans
les hazards de la guerre, & dans le tra-
uail des ſieges, auſquels elle employe les
plus beaux de ſes iours pour étendre les
limites de l'Egliſe ; parmy les proſperi-

Loppes
& Iuan
de Tor-
res.

teʒ que Dieu donne à ſes armes ne perdra
pas les occaſions de conſeruer ſes prerogatiues. Childebert l'vn de vos predeceſſeurs,
SIRE, ayant ſceu que Dinamius Gouuerneur de Prouence ſe comportoit mal auec
Theodorus Eueſque de Marſeille , enuoya
le Duc Gundulphe qui luy fit faire ſermēt
d'eſtre fidelle à l'Eueſque. Le feu Roy Henry le grand, de glorieuſe memoire, a reprimé deux diuerſes fois les entrepriſes que
deux Preſidents du Parlement de Tholoſe
faiſoient contre l'honneur de l'Egliſe , comme il eſt remarqué dans cet eſcrit ; Il y en
a qui les renouuellent , y employans le
nom & l'auctorité de voſtre Majeſté , & ne
conſiderent pas, que tant de belles actions de
voſtre inſigne pieté , & tant d'entrepriſes
pour le ſeruice de Dieu, conduittes à vn heu-
reux ſuccés par voſtre generoſité , ſont des
publics deſadueuʒ de tout ce qu'on pourroit
attenter ſous voſtre nom contre les prerogatiues de l'Egliſe : mais puis qu'ils n'apper-
çoiuent pas la deference aux officiers de ce-

Gregor.
Turcn.
lib.6.c.
11.

A ij

luy par lequel vous regnez, qu'vn chacun
loüe & admire en voſtre Majeſté, qu'il luy
plaiſe de leur en prononcer ſes ſentimens,
& declarer ſes volontez. Ainſi Dieu benira
ſes deſſeins, & multipliera ſes victoires.
C'eſt le vœu que fait

De voſtre Majeſté,

Le tres-humble, & tres-obeïſſant,
& tres-fidelle ſeruiteur & ſujet.

CHARLES ARCH. DE THOLOSE.

SOMMAIRE

Des moyens de l'Archeuesque de Tholose.

Contre les pretentions de Monsieur le premier Président, & autres du Parlement.

VANT l'arriuée de l'Archeuesque de Tholose dans son Diocese, Messieurs du Parlemét resolurent de changer l'ordre qu'ils auoient toufsiours tenu aux deferéces auec leur Pasteur, & au lieu qu'ils auoient accoustumé d'aller en corps de Cour auec les chapperons & robbes noires, les Huissiers marchans deuant jusques à l'entrée de l'Eglise Metropolitaine, là le saluër à son premier aduenement, receuoir de luy la benediction solemnelle dans l'Eglise auec tout le peuple, & aprés le conduire jusques à son hostel, resolurent d'y enuoyer le second President, auec vnze Con-

Le Parlemét, la chambre des Comptes, la Cour des Aydes, & la maison de Ville sont allées en corps à l'Eglise de Paris, lors que les Euesques ont fait leur entrée, comme il se voit dans le Ceremonial de la chábre des Comptes de l'an 1598. A Tholose on en vsoit de mesme, comme on voit par les registres de la maison de Ville, du 15. Mars 1533. & 7. Iáuier 1590. Et par vn Arrest du Parlement du 3. Iauier 1590.

ſeillers, pour faire ce compliment de leur part.

La maiſon de Ville qui ſe portoit auec grande ferueur à le bien accueillir, euſt du déplaiſir du changement que le Parlement apportoit à l'ordre ancien ; & delibera (puis que le Parlement ne ſeroit pas en corps) de ne ſouffrir pas que ſes deputez prinſſent aucun aduantage en l'ordre ou ſeance ſur les Capitoulx.

Cette deliberation rapportée à la Cour, cauſa vne grande émotion, laquelle ſe termina par vn ſage conſeil, qui fut, que Meſſieurs les deputez ne ſe trouueroient pas à cette ceremonie, mais iroient ſaluër l'Archeueſque lors qu'il ſeroit arriué en ſon logis, ce qui fut fait.

L'Archeueſque neantmoins voulant témoigner à Meſſieurs du Parlement qu'il ſe ſentoit obligé de leur accueil, aprés auoir rendu à Monſieur le premier Preſident la viſite qu'il auoit receu de luy, le pria d'agréer qu'il allaſt ſaluër la Cour, & la remercier de la bonne correſpondance qu'elle luy auoit promis par ſes deputez : & par meſme moyen tenir la place de Conſeiller nay que ſes predeceſſeurs y auoient eu. A quoy ledit ſieur Preſidét vſa de remiſe par deux fois ; Et luy dit que le jour de ſon inſtallation ſon grand Archidiacre auoit pris place dans l'Egliſe en la premiere chaire à main gauche de l'Archiepiſcopale, laquelle appartenoit *en pro-*

prieté aux Presidents du Parlement ; & que sans la consideration du peuple, duquel il n'auoit pas voulu troubler le contentement en cette action, il l'en eust fait tirer par le collet ; Et adjousta qu'ils pourroient encor auoir quelque contestation pour le droit de presider aux assemblées de l'hostel Dieu, & qu'il estoit à propos de vuider ces differents auant que l'Archeuesque fust receu au Palais.

Neantmoins le Parlement ne jugea pas raisonnable de retarder cette reception pour ses interests, & Monsieur le premier President ceda à l'aduis commun, à la charge, que le compliment qui auoit accoustumé d'estre fait par plusieurs des Conseillers de la Cour, aux Archeuesques de Tholose, lors qu'ils venoient au Palais, seroit fait par deux d'entr'eux pour la premiere fois tant seulement : Et que l'Archeuesque ne feroit porter sa croix deuant soy que jusques à la porte de la salle des audiéces, & qu'il feroit serment comme les officiers ordinaires de la Cour, & liroit la profession de foy. Il se relascha à toutes ces nouueautez sur ce qu'on l'asseuroit que ses predecesseurs en auoient fait de mesme, & sous l'esperance qu'il n'y auroit plus de contestation.

Mais aprés sa reception n'ayant peu disposer Monsieur le premier President à aucun accom-

Nullius sunt res sacra religiosa, & sancta quod enim diuini iuris est id nullius in bonis est, Veluti ædes sacra. §. nullius inst. de rer. diuis.

modement sur ses pretentions de la chaire, &
de la direction des assemblées de l'hostel Dieu.
Et voyant qu'il rejettoit auec aigreur toutes les
ouuertures qui luy estoient faites sur ce sujet, il
en fit faire les propositions au Parlement, qui
jugea fort ciuil l'expedient proposé par l'Archeuesque, d'en escrire de part & d'autre au Roy,
& attendre que sa Majesté en ordónast; à quoy
ledit sieur President fust plus diligent que l'Archeuesque.

Pendant qu'on attendoit vn ordre sur ces
differents, suruindrent les disputes en Theologie du Chapitre general des Iacobins, ausquelles l'Archeuesque ayant esté inuité, & s'y estant
trouué auec plusieurs des Euesques de la Prouince, ledit sieur premier President y estant suruenu, ne pûst souffrir qu'ils fussent en rang separé de Messieurs de la Cour, & entreprist de
leur faire prendre seance aprés soy par voye
de fait, accompagneé de paroles injurieu-
ses; & deux jours aprés s'ingera de regler d'office, & sans requisition de personne, ny confe-
rence auec l'Archeuesque, le rang, habits, &
assistance qu'il auroit aux processions. Et aprés
auoir assemblé plusieurs fois les chambres pour
ce sujet, il obtint l'adueu de la Cour,: la
plainte en ayant esté faite au Roy, sa Majesté
en a témoigné son déplaisir au Parlement, luy
a man-

a mandé d'enuoyer des deputez, & à l'Archeuefque de se rendre à la Cour, pour estre reglés sur tous leurs differents, qui se reduisent à quatre chefs.

Le premier, est pour la chaire du grand Archidiacre.

Le second, pour le droict de presider aux assemblées de l'Hospital.

Le troisiesme, est la plainte de l'injure faite à l'Eglise, aux personnes des Archeuefque & Euefques, dans le Couuent des Iacobins: en suitte de laquelle il est souftenu, que l'Archeuefque, & les Euefques qui se trouuent auec luy, doiuét preceder ledit fieur premier President, & autres, tát aux actiós de l'Vniuerfité & Efcholles, que aux Proceflions, Baptefmes, Enterremens, & en toutes autres assemblées publiques & particulieres, hors du Parlement. Et que és Proceflions l'Archeuefque eftát apres le Poifle, doit auoir prés de foy fes officiers & feruiteurs qui luy font neceffaires pour la bienfeance de fa dignité.

Le quatriefme, & dernier, est à ce qu'il plaife au Roy faire deffences au Parlement de troubler l'Archeuefque en la faculté de faire porter fa croix deuant foy, jufques à la Chappelle du Palais, & d'exiger de fes fucceffeurs aucun fermen ny profeffion de foy, à caufe de leur qua-

C

lité de Conseiller nay au Parlement.

Pour le premier chef : Monsieur le premier President n'est pas receuable à contester aucun siege dans le cœur de l'Eglise Metropolitaine contre les Ecclesiastiques, d'autant qu'il n'y a seance aucune que par leur Indulgéce, laquelle ne dóne aucune proprieté, ny aucun tiltre pour prescrire : puis que la nature des choses de l'Eglise ne le souffre pas. C'est la disposition du Droict Ciuil, auquel le Droict Canon est conforme en ce poinct, & les Conciles de l'Eglise Gallicane, les Capitulaires de nos Roys, & l'ordonnance faite par le feu Roy Henry le Grand, en l'année 1606. verifiée au Parlement, qui defend à toutes personnes de quelle qualité & conditions qu'elles soient, d'occuper les haults sieges des chœurs des Eglises affectez aux Ecclesiastiques pendant le Seruice : Suiuant ceste ordonnance le Parlement de Paris fit deffences au Presidial de Clermont d'occuper les places des dignitez & Chanoines de l'Eglise Cathedralle, par Arrest de l'année 1611. Et Monsieur Duranty premier President de Tholose, a fort bien preuué, que l'vsage de l'Eglise a esté tel depuis le temps des Apostres, & que la deffence faite aux personnes laïques de se mesler parmy le Clergé dans le Presbitere, s'entendoit aussi du chœur où se faict la Psalmodie, quand il est

Accurf.in l 2.C.de sacr. Eccl. Boet.Epo.ad c. 1.ext.de Vit.& hon.cler. Can. sacerdotum de consecrat. dist.2. Concil. Turon.2.can. 4. Capitul. 203.lib.7.

Rapporté par M. Servin,& par Chenu. Lib.1.de ritib.Eccl, c.15.

separé : & que ces deux parties de l'Eglise portent mesme nom, & sont comprises soubs mefme prohibition.

Cet ordre a esté obserué d'ancienneté en l'E-
glise de Tholose : car, il y a dans la Nef vn grád
banc affecté à Messieurs du Parlement, comme
anciennement à Rome il y en auoit vn pour les
Princes, & pour le Senat, appellé *Senatorium* :
qui estoit d'vn costé de la Nef, à l'opposite des
sieges des Dames, comme il se peut recueillir du
liure intitulé *Ordo Romanus* qui est ancien.

Mais quand Monsieur le Premier Président
pourroit pretendre quelque siege dás le chœur
de l'Eglise, ce ne seroit pas celuy qu'il demande,
d'autant qu'il est affecté au grand Archidiacre,
pour deux considerations.

La premiere est, à cause qu'il a la seconde dignité dans l'Eglise de Tholose : de laquelle,
comme de celle de Paris, & autres, le chœur est
remply à ses quatre bouts par quatre dignitez ou offices : le Preuost & le Chancelier occupent les deux extrémitez du costé gauche, le
Chantre & le grand Archidiacre celles du costé
droict. Et ces quatre Dignitez ne doiuent jamais quitter leurs places à aucune personne, de
quelque condition qu'elle puisse estre : comme
à Paris, ceux qui occupent les quatre bouts du
chœur, ne quittent point les leurs aux offices

solemnels , ny mefmes les Archidiacres , qui
ont leurs places au fonds du chœur : d'vn coſté, aprés le Doyen, & de l'autre aprés le Chantre : & Monſieur le premier Preſident & autres
de la Cour prenent place aprés eux. A Tholoſe
Meſſieurs du Parlement n'ont jamais troublé
le Preuoſt en ſa place, ny le Chancelier: apres lequel ils ne font pas difficulté de ſe mettre, meſmes lors qu'ils ſont en corps,& qu'ils occupent
les deux coſtez du chœur. Et pour ceſte raiſon
le grand Archidiacre ne doit pas quitter ſa place, qui eſt au bout des ſieges des Chanoines du
coſté droict, proche de la chaire Archiepiſcopale, principalement lors que l'Archeueſque
eſt en ſon Siege, ſoit que la Cour y ſoit en
corps, ou quelques Preſidents ou Conſeillers
en particulier, comme en l'Egliſe de Paris le
grand Penitencier, qui occupe vne ſemblable
place,ne la quitte jamais,ſur tout quand Monſieur l'Archeueſque eſt en ſon Siege: Auſſi les
grands Archidiacres de Tholoſe, prenans poſſeſſion de leur Dignité ſont touſiours inſtallez
en ceſte place: comme au moys d'Avril de l'année mil ſix cens vingt-huict, lors que M.
Benoiſt en prit poſſeſſion. Et il ſe trouue vn
acte d'inſtallation de l'an mil cinq cens ſoi-
xante-huict,qui deſigne fort expreſſément que
le ſiege côtentieux eſt celuy du grand Archidiacre,

cre: & on demeure d'accord de ces installations.

La seconde consideration pour laquelle cette place est affectée au grand Archidiacre, est pour ce que sa dignité l'oblige d'assister l'Archeuesque en toutes ses functiós plus celebres, & luy couurir le costé gauche, comme dans le Presbitaire quand il dit la Messe pontificale ; & en son siege du chœur quand il dit Vespres, ou qu'il assiste aux offices solemnels, en son synode, & quand il donne les Ordres, & en d'autres actions, ausquelles il doit faire la function de celuy qui est appellé (*Presbyter assistens*) dans les Rituels. En cette qualité quand les Archeuesques de Tholose sont installez dans leur siege pontifical', le grand Archidiacre est tousjours à leur main gauche, comme il y estoit le quatorziesme iour du mois de May de l'année mil six cens vingt-huict, lors que l'Archeuesque prit possession de l'Archeuesché de Tholose. Et a esté ainsi obserué de tout temps, comme il se voit , tant par l'acte de l'installation de feu Monsieur d'Orleans Archeuesque de Tholose, de l'an mil cinq cens vingt-deux , qui le porte en termes exprés, comme par le reglement des seances du chœur , fait par ledir sieur d'Orleans Archeuesque, en l'année mil cinq cés trente, par lequel donnant place dans le chœur aprés les Chanoines, aux Prebandiers , qu'on appelle Hebdomadiers ; L'acte porte que le grand Archidiacre estoit placé entre-eux & l'Archeuesque à l'opposite du Chácelier: Monsieur le premier President recognoist que deux qui ont esté grands Archidiacres rendent témoignage de cet vsage. Et dit qu'on peut auoir deferé en cela à feu Monsieur le Cardinal de Ioyeuse, comme Doyen du sacré College, & Legat du sainct Siege ; Qui sont des qualitez qu'il n'auoit pas encores en l'année mil six cens trois, lors qu'il partist de Tholose. A ces actes de l'Eglise, & au témoignage de deux Archidiacres on peut adjouster celuy des plus anciens de la Cour; Car Monsieur de Mansencal doyen du Parlement, autant venerable pour sa probité que pour son aage, a recogneu qu'il auoit souuenance d'auoir veu garder cet ordre lors qu'il y auoit des Archeuesques residents, & la asseuré à plusieurs personnes, mesmes à Monsieur de Caminade second President, en presence de l'Archeuesque. Aussi ayant esté nommé pour venir vers le Roy auec les autres deputez du Parlement pour ces differents, il s'en est excucusé, sa conscience resistant à cette poursuitte. Monsieur le President Bertier, deputé, & plusieurs autres de Messieurs de la Cour ont cognoissance de cette verité, qui est confirmée par l'adueu de tous ceux de la ville, qui se souuien-

nent d'auoir veu officier l'Archeuefque, & d'vn
nombre jnfiny, des plus irreprochables ont dó-
né leur depófition deuant vn Confeiller du Se-
nefchal, qui en a receu vn acte de notorieté, par
lequel il eft expreffément porté , que lors que
feu Monfieur le Cardinal de Ioyeufe eftoit en
fa chaire pontificale, il auoit toufiours fon grád
Archidiacre affis dans le premier fiege à fa main
gauche ; mefmes en prefence de Meffieurs les
premiers Prefidents de Sainct Iory , & de Verdun, qui prenoient leur feance aprés luy. C'eft le
dernier eftat de la poffeffion ; car depuis Monfieur le Cardinal de Ioyeufe, le fiege Archiepif-
copal n'a pas efté occupé.

L'ordre de l'Eglife veut que toutes & quantes fois que l'Archeuefque officie à la Meffe
dans le Prefbitere, ou à Vefpres dans le chœur,
ou qu'il affifte aux offices folemnels, il aye deux
Archidiacres à fes deux coftez (qui foient affis
ou debout, cóme luy, outre le Maiftre des ceremonies, fes Aumofniers, & autres Ecclefiaftiques qui font toufiours debout, comme *Ama-
larius Fortunatus, & Honorius Preftre d'Authun*
difent que de ceux qui affiftét l'Euefque, *aliqui
fedent, & aliqui ftant*) Ce qui eft fi exactement
gardé dans l'Eglife de Tholofe, que le Preuoft
mefme a deux fieges vuides à fes deux coftez,
pour y placer deux affiftans quand il dit Vef-

pres , sans que les Capitoulx de la ville, qui prennent leur seance prés de luy, ayent jamais apporté aucun empeschement à cet vsage ; Et le moindre prebandier de l'Eglise officiant dans la nef a deux comministrans à ses deux costez, desquels celuy de main gauche se treuue assis au dessus du banc que Messieurs du Parlement y occupent , sans qu'ils se soient jamais plaints de cette seance ; Que si vn prebendier a cette liberté , il y a peu d'apparence de troubler l'Archeuesque en cet ordre , qui a esté obserué au vieux & nouueau Testament, & continué dans l'Eglise depuis le commencement du Christia- *Exod. 17.* nisme jusques à nous. Moyse priant sur la montagne auoit Aaron & Hur à ses deux costez qui luy soustenoient les bras ; Iesus-Christ duquel toutes les actions sont nos instructions, est souuent representé entre deux assistans, en sa transfiguration Moyse & Helie couuroient *Matt. 17.* ses deux costez. Et sainct Pierre proposa de luy *Matt. 20.* faire vne station à trois tabernables , comme sont les chaires Archiepiscopales. La mere des enfans de Zebedée auoit tellement accoustumé de le voir ainsi assisté , qu'elle ne le se pouuoit imaginer dans sa gloire qu'auec deux assistans, & le prioit d'employer ses deux enfans à cet office , l'vn à sa main droite , & l'autre à sa main *lib. 1. de conf. Euang.* gauche. Pour mesme raison sainct Augustin remarque

marque , que d'ordinaire Iesus-Chrift eſtoit
peint entre ſainct Pierre & ſainct Paul, les Apoſtres ſuiuirent cet exemple, qui eſtoient touſ-
jours accompagnez de deux aſſiſtants, comme
ſainct Pierre, de ſainct Clement & de ſainct
Anaclet. Sainct Paul, de Thimotée & de Lynus,
au rapport de ſainct Ignace martyr. Et cet or- *Epiſt. 2.*
dre eſt donné aux Eueſques en deux endroits
des conſtitutions Apoſtoliques, recueillies ſous
le nom de ſainct Clement, qui auoit ſeruy d'aſ-
ſiſtât à ſainct Pierre, où il leur eſt preſcrit d'eſtre
toufiours dás l'Egliſe entre deux preſtres, comme entre leurs diſciples, & d'auoir vn Diacre à
main droite, & l'autre à main gauche ; Il a eſté
ainſi obſerué dans l'Egliſe de Tholoſe dés ſon
commencement; Car Gregoire de Tours nous *Lib. 1. Hiſt.*
repreſente ſainct Saturnin premier Eueſque,
accompagné de deux aſſiſtans juſques à ſa per-
ſecution.

Quelques anciens Peres de l'Egliſe ont remarqué des myſteres en la diſpoſition de cette
ſeance. Et d'autant que les Eueſques ſont appellez les Throſnes de Dieu, à cauſe du ſainct
Eſprit qui habite en eux, & les preſtres ſont ſes
Anges : Les vns y ont trouué la repreſentation
du Propitiatoire accompagné de deux Cheru- *Clemens.*
bins, les autres celle du Throſne eſleué dans *Iobius.*
Iſaye, auec ſes deux Seraphins. Et pour cette *Germanus.*

raiſon, aux Egliſes de Grece, en celle de Rome, & en pluſieurs d'Eſpagne les aſſiſtans portent chacun vn éuentail de plume, qui repreſente leurs aiſles tremblantes de crainte & de reſpect. Les Canoniſtes Grecs ont creu que la chaire Archiepiſcopale dans l'Egliſe, eſtoit vn Tribunal de Iuriſdiction , & que les aſſiſtans eſtoient deux Aſſeſſeurs pour aider à deliberer ſur les occurrences, & y pouruoir. Quelques vns ont creu que ces deux aſſiſtás eſtoient les témoins, appellez *Cellulani* ϲύγκελλοι, que les Eueſques doiuent auoir en toutes leurs actiós.

Honorius preſtre d'Autun, qui eſcriuoit enuiron l'an mil cent vingt, dit que l'Eueſque entre deux aſſiſtans , repreſente Ieſus-Chiſt entre le vieux & le nouueau Teſtament, entre les Prophetes & les Apoſtres ; Bref, le Clergé eſtant vn corps, duquel les vns ſont les pieds , les autres les bras ; les Archidiacres qui en ſont les yeux, doiuent eſtre touſiours aux deux coſtés du chef qui eſt l'Archeueſque. Et pour cette raiſon deux Archidiacres luy rendent cette aſſiſtence aux offices & autres functions.

Que ſi cette ceremonie eſt venerable pour ſon antiquité, & pour les myſteres qu'elle repreſente, elle eſt auſſi conſiderable pour la neceſſité qui eſt telle, que l'Archeueſque ne pourroit jamais faire l'office à Veſpres dans ſon Egli-

Matthew Blaſtares dans ſon Nomocanon. M. S. Zonaras.

In Gemma anima lib. I. c. 3.

Paul. I. Corint. 21. D. Hieron. Ep. ad Nepotianum. alius in Ecclesia oculus est, alius lingua, alius manus, pes, auris, venter. &c. Iſid. Pelus. lib. I. ep. 29. ὀφθαλμοὶ ἐπισκόπου τυγχάνουσιν οἱ τοῦ σωτοῦ συναστηρία διάκονοι.

se s'il estoit priué de la place contentieuse ; Car
il les doit dire dans le chœur, & ses assistans luy
doiuent tenir le gremial, l'vn d'vn costé, l'autre
de l'autre; Ils luy doiuent leuer le pluuial quand
il marche, ou qu'il fait les encensements & autres ceremonies, l'vn luy doit leuer la mitre,
l'autre tenir le liure, Et font quasi toutes les
mesmes fonctions quand l'Archeuesque n'officie pas, mais assiste aux offices solemnels, soit
qu'il y soit auec la mitre & le pluuial, ou auec la
chappe pontificale. Car lors il ne laisse pas de
faire plusieurs belles ceremonies, comme les
benedictions de l'encens, de l'eau, de celuy qui
dit l'Euangile, la benediction solemnelle, les
Cercles, & plusieurs autres, quoy qu'en vueil-
lent dire quelques vns, qui n'ont point encore
veu d'Archeuesque à Tholose dans ses fonctions, & qui n'ont pas la cognoissance de ces
matieres.

Ces Archidiacres sont encore necessaires au
prés de l'Archeuesque, pour la dignité de son caractere; car comme il ne seroit pas raisonnable
de priuer Monsieur le premier President du
nombre d'Huissiers qui marchent deuant luy
dans le Palais pour l'ornement de sa dignité, il
est encore moins iuste de diminuer l'apparat
qui doit estre apporté au seruice de Dieu, lequel est d'autant plus necessaire maintenant

que le peuple qui est peu touché par les choses spirituelles est encores excité par l'ornement exterieur, que les Euesques sôt obligez de rechercher comme sainct Bernard l'enseigne; Bref l'Eglise, de laquelle l'ordre nous est venerable, la ainsi pratiqué depuis son commencement & en toute son estendue, le ceremonial du Pape, celuy des Cardinaux, & celuy des Archeuesques & Euesques le prescriuent; il a esté inuiolablement obserué à Tholose, où il y a vn officier dans le chœur, qui s'appelle Maistre des ceremonies, pour auoir soing que le ceremonial soit exactement suiuy, & la chaire Archiepiscopale est dressée à cest vsage. Aprés cela renuerser vn si bel ordre, & diminuer le culte de Dieu, seroit faire peu de compte de la Religion.

La structure des chaires, de laquelle on veut tirer quelque aduantage, fortifie grandement le droict de l'Archeuesque.

Premierement pour ce qu'il y en a vne à main droicte de l'Archepiscopale, qui est pour vn des Archidiacres assistans, par consequent il faut qu'il y en aye vne autre à main gauche, d'autant que le siege de l'Archeuesque ne peut estre le plus honorable qu'estant au milieu de deux, autrement son assistant de main droicte estant premier en ordre, le precederoit.

Secondement la chaire contentieuse est entieretierement ſemblable à celle de main droicte en grandeur, profondeur, couronnement & en toutes ſes dimenſions, & n'y a qu'vne differen-ce, qui eſt, qu'au deuant de celle de main gauche il y a vn accoudoir, & n'y en a point au deuant de celle de main droicte; la raiſon eſt, que lors que l'Archeueſque eſt en ſa chaire, il faut que tous les officiers ayent l'accez libre à luy, pour les encenſemens & benedictions, à quoy l'accou-doir apporteroit obſtacle, s'il y en auoit du coſté droict, qui eſt le coſté de l'Autel. Mais celuy qui eſt deuant la chaire contentieuſe, ne fait aucun empeſchement, pource que perſonne ne vient vers l'Archeueſque du coſté gauche; il faut auſ-ſi qu'il y aye vn accoudoir deuant le ſiege du grand Archidiacre, pour le rendre ſemblable à ceux des autres trois dignitez qui occupent les extremitez du chœur.

Quant à la menuiſerie qui ſemble eſtre en la chaire de main droicte plus qu'en celle de main gauche, c'eſt vn enjoliuement qui faict la clo-ſture du chœur ſemblable à la cloſture des trois autres extremitez, auec leſquelles il a ſa ſimetrie & proportion, & non auec la chaire du grand Archidiacre.

Mais cette difference ne ſert de rien à Mon-ſieur le premier Preſident, car il demeure d'ac-cord que les chaires du chœur qui furent bru-

flées en l'année mil six cens neuf, ont esté refai-
tes en la mesme forme qu'elles estoient auparauant, & les anciennes auoient esté construi-
tes plusieurs siecles auant qu'il y eust ⬛ Parlement à Tho⬛. Si bien qu'en les faisant on
n'auoit pas pensé à luy acquerir aucun droict:
Que si on eust destiné ce siege pour les Presidents de la Cour, on y eust fait vne issuë proche
pour aller à l'offrande; car en la forme qu'il est,
vn President l'occupant, seroit obligé de cher-
cher vne issuë bien auant dans le chœur, pour
aller à l'offrande, autrement il n'y sçauroit aller
sans heurter l'Archeuesque, ou marcher sur luy
s'il estoit en son siege, ce qui ne seroit pas bien-
seant.

L'on objecte que Mósieur le premier President, ou autre de la Cour, represente le Roy
patron des Eglises Cathedrales, auquel les premieres seances sont deuës. Le Presidial de Clermont, lors qu'il occupa les sieges des Chanoines dans l'Eglise Cathedrale, se seruoit de ce
mesme fondement, quoy que auec moins de
droict, aussi ne laissa-il pas d'estre deboutté de
sa pretention par arrest du Parlement de Paris?
Mais d'autant que cette objection se fait sur
tous les points contestez, il y sera respondu vne
fois pour toutes.

Que Messieurs du parlement estans en

corps dans leur Tribunal, & en l'administratió
de la justice, representent le Roy, aussi leurs arrests portent son nom, pour marque de leur
authorité; comme les Decrets de l'Eglise por-
tent la marque du sainct Esprit qui les inspire *Visum est spiritui san-*
aux Prelats. Mais ceste representation ne leur *cto & nobis Act. c. 15.*
donne pas rang ou preéminence hors des prin- *n. 28.*
cipales fonctions de leurs charges. C'est pourquoy vn Prince du sang cede à vn premier President dans le Parlement, & le precede par tout
ailleurs, & de mesmes plusieurs autres. Que si
les Officiers qui representent l'authorité souueraine du Roy, prenoient la seance qui est deuë
au Roy, il ne faudroit pas qu'ils cedassent à personne, non pas mesmes aux enfans de France.
Mais tant s'en faut que ceste representatió leur
donne la seance qui est deuë au Roy, que dans *Spartian. in Seuero. in*
le Palais mesme ils laissent sa place vuide sans *Sella Imperatoria te-*
mere à ministro posita
y mettre ny leur mortier ny leurs placets. Et *sedit. Ignarus quod non*
liceret.
parmy les Perses c'estoit crime de leze majesté *Val. Max.*
d'occuper le siege du Roy.

Mais les Officiers hors de leurs sieges & de
leurs fonctions, soit en particulier, soit en com-
pagnie, ne representent pas le Roy: & ne peuuent pas donner des jugemens qui portent son
nom, autrement le Roy se trouueroit representé à mesme temps en beaucoup d'endroits d'v-
ne ville par plusieurs personnes differentes, en

forte qu'il y auroit autant de reprefentations du Roy qu'il y auroit d'Officiers, qui ne feroient pas toufiours auec la decence & l'apparat qui doit accópagner la reprefentation d'vn grand Roy; laquelle pour eftre conferuée en veneration parmy le peuple, ne doit pas eftre expofée en tous lieux, à toute rencontre, ny par tant de diuerfes perfonnes. Alexandre le Grand deffendit à tous les peintres de le pourtraire, n'en laiffant la liberté qu'à Appellés, tant il auoit peur, que fa reprefentation eftant renduë trop commune par la multitude de fes pourtraicts, le peuple en prît des conceptions baffes, & perdît l'opinion de fa diuinité, qu'il vouloit imprimer dans les efprits des hommes.

Sur tout, le Roy ne peut eftre reprefenté dans l'Eglife, ny aux droicts honorifiques, pour deux raifons:

La premiere eft, par ce que cefte reprefentation, qui refide au corps, n'eft jamais fans authorité. Or dás l'Eglife Meffieurs du Parlemét ne peuuét pas exercer leur authorité: Car les Canons des Conciles leur deffendent à peine d'excómunication de f'y affébler pour deliberer ou juger. Et ces Cóciles ont efté tenus en Fráce, & publiez de l'authorité de nos Roys. Celuy du Concile general de Lyon tenu fous Gregoire X. où il y auoit plus de mile Peres, eft formel pour

pour les Parlements de France, comme le sieur
Duranti premier President de Tholose le recognoist dans son liure des Ceremonies. Ce
n'est pas que leur authorité se perde dans l'E-
glise, mais elle y est suspenduë ; & cóme disoit
le Philosophe Taurus en vn autre sujet, *Inter-*
quiescit paululum, & conniuet. Ils y abbatent
leurs enseignes comme vne puissance moindre
en presence d'vne plus grande : & y sont consi-
derez non par leur Magistrature ou par leur authorité, mais par leur foy comme Chrestiens,
enfans de l'Eglise, & brebis du bercail : *Tan-*
quam fideles laici.   Ceste police a esté gardée
dés le commancement du Christianisme : Car
nous lisons que l'Empereur Iulian lequel pour
auoir esté lecteur en l'Eglise, sçauoit tresbien
ses coustumes, estant deuenu deserteur, & voulant transferer au Paganisme le culte & la veneration qui estoit réduë aux Eglises des Chrestiens, exhortoit Arsacius Pontife payen, d'ob-
seruer plusieurs beaux reglements qui estoient
pratiquez par les Euesques, & de les imiter en
ceste discipline, *Que quand les Presidents des*
Prouinces entreroient dans les Temples, leurs Ap-
pariteurs s'arrestassent à l'entrée pour les suiure, si
bon leur sembloit, d'autant, disoit-il, qu'ils deue-
noient particuliers sur le seüil de la porte, & que
la Loy de Dieu y auoit estably vne autre puissan-

Margin notes:

rumlibet Concilia, &
publica Parlamenta.

Lib. I. c. 20.

Gellius lib. 2. c. 2.

Paul. ad Galat.

Herm. Sozom. lib. 3. c. 2.
lib. 5. c. 2.

Herm. Sozom. lib. 5. c. 15

ἅμα γὸ εἰς τὸν, ὕδον ἦλ-
θε τῦ τεμένυς κỳὰ γέγο-
νεν ἰδιώτης.

αὐτεχόμενοι τῦ τύφυ &c. ἐξόκοποι εἰσι, καὶ κενόδοξοι.

lib. 6.c.7. ἐμοὶ μετὰλᾳ τεταγμένῳ. &c. *Orat. de non tradendis basilicis.*

Orat.17. πρὸς τοὺς πολιτευομένους Ναζιανζοῦ ἀγωνιῶντας καὶ τὸν ἄρχοντα ὀργιζόμενον. εἰ δ' ὅτι πρόβατόν εἰ τῆς ἐμῆς ποίμνης, τῆς ἱερᾶς ἱερὸν, καὶ θρέμμα τοῦ μεγάλου ποιμένος. &c.

Polycarpe difoit qu'il auoit apris de rendre aux Magiſtrats eſtablis de Dieu, τιμὴν τιμᾷν μη-

ce; *Que ceux qui obeyſſoient à ceſt ordre eſtoient vrayement pieux, & ceux qui y reſiſtoiët, eſtoient ambitieux, vains, & preſomptueux :* ce ſont ſes termes. Les Empereurs meſmes n'ont pas pretendu d'auoir autre rang dans l'Egliſe que comme fideles & laïques. L'Empereur Valentinian le recognoiſt de ſoy dans Sozomene. Et ſainct Ambroiſe luy dit, qu'il *n'y auoit rien de plus honorable à vn Empereur, que d'eſtre appellé fils de l'Egliſe.* Sainct Gregoire le Theologien dit hautement aux Gouuerneur & Officiers de Nazianze, *qu'ils eſtoiẽt brebis de ſon troupeau, & que la Loy de Dieu les auoit ſoubmis à ſon tribunal.*

Les Magiſtrats ſont conſiderez, ou cóme hommes politiques ou cóme Chreſtiens. Cóme hommes politiques ils poſſedent les dignitezſeculieres; Comme Chreſtiens ils ſont brebis & enfans de l'Egliſe, y ont ſeance, & participent aux ſacrez miſteres de Ieſus-Chriſt, qui leur ſont diſpenſez par les Preſtres. Partant on ne doit pas ſ'offencer ſi l'Archeueſque a dit, que les Magiſtrats ne ſont conſiderez dans l'Egliſe que comme Chreſtiens, puis-que c'eſt la doctrine des Peres, & qu'ils ne repreſentent pas le Roy comme Chreſtiens, mais comme hommes politiques & Officiers : ce n'eſt pas que l'Egliſe ne les diſcerne pour leur rendre les hó-

neurs qui ne troublent pas l'ordre du seruice ou
de la difcipline : C'eft l'Eglife qui enfeigne d'o-
beyr aux Magiftrats non feulement pour la
crainte des peines, mais encores pour la def-
charge de la confcience.

La feconde raifon pour laquelle le Roy ne
peut eftre reprefenté aux Eglifes en fes droicts
honorifiques eft, parce qu'il a ces prerogatiues
à caufe de fon facre, qui le fepare des perfonnes
laiques, & luy donne quelque efpece de charactere Ecclefiaftique, en vertu duquel il gue-
rit les malades, fait des miracles: & a des pre-
éminences dans l'Eglife qu'il n'auroit pas fil
n'auoit l'onction. Et de fait fainct Ambroife
affigna fa place dás l'Eglife à l'Empereur Theo-
dofe apres les Ecclefiaftiques deuant les laiques, difant que *la pourpre qui le faifoit Empereur ne le faifoit pas Preftre*, pource qu'il
n'eftoit pas facré. Mais lors que les Empereurs
commencerent à receuoir l'onction facrée, ils
eurent auffi entrée dans le prefbytere de l'Eglife, cóme remarque Balfamon canonifte Grec,
qui fait veoir que le facre donne la feance parmy les Preftres. Or il eft certain que les prerogatiues qui dependent du facre, comme celles
qui dependent de l'ordre, ne fe peuuent com-
mettre, ny transferer à ceux qui ne font pas fa-
crez, & qui n'ont pas l'ordre; d'où il f'enfuit

que le Roy ne peut pas estre representé en la
seance & droicts honorifiques qu'il a aux Eglises, non plus qu'en la grace qu'il a, de guerir les
malades. Aussi est-il vray qu'il ne va pas à l'Eglise par representation , il sert Dieu en personne,
chacun y va pour soy, & pour faire son salut,
que s'il y auoit lieu de representer le Roy à l'E-
glise, ce seroit par vne grande pieté, en defe-
rant aux Ecclesiastiques, deuant lesquels le Roy
fléchît le genoüil, & rend compte de ses fautes,
& en augmentant le culte & la dignité du seruice de Dieu, non pas en le retranchant ou
l'empeschant.

Mais quand on accorderoit, que les Magistrats representent le Roy à l'Eglise, & chacun
en son particulier, cette concession ne leur dó-
neroit pas le droict de faire quitter les sieges de
leur fonction aux Ecclesiastiques, & d'arracher
par maniere de dire, du Temple du Dieu viuát,
ses Images & ses representations, pour substi-
tuer en leur place celles du Roy, ce que sa pieté
ne souffre pas : car les Ecclesiastiques representent le Roy des Roys chacun en son ministere,
Dieu prend part en leurs honneurs & mespris,
les tient comme ses Anges, par lesquels il fait
sçauoir ses volontez aux hómes, Qui les escoute, escoute Dieu, Ce qu'ils lient en terre, est lié
au Ciel. Ils tiénent lieu de Peres & de Pasteurs,

ils

Carolus Magn. in capit.
Venant. fortunat. in Vi-
ta sancti Martini.

Cyp. sacerdos in Eccle-
sia judex vice-Christi.

Malach. 2.

ils beniſſent, ils ſanctifient, ont le regimē & les clefs de l'Egliſe; & pour comble d'honneur & de dignité, Dieu leur fait cette grace de s'incarner tous les iours entre leurs mains; les Laïques ont beſoin d'eſtre liez ou deſliez, regis & repeus comme brebis, benis & ſanctifiez, ſont introduits dans l'Egliſe & faits enfans de Dieu par le miniſtere des Eccleſiaſtiques, deſquels partant ils doiuent recognoiſtre la ſuperiorité aux actions de religion. Sainct Chriſoſtome diſoit à ſon Diacre, *Si vn Duc, ſi vn Conſul, ou l'Empereur meſme ſe preſente indignement, arreſte le & le reprime, car tu as vne puiſſance plus grande que la ſienne.* Il ne faut donc pas trouuer mauuais qu'vn Archidiacre dans l'Egliſe, & en l'exercice de ſa charge, precede vn Magiſtrat, puis que tout le corps des Eccleſiaſtiques l'y doit preceder, & que le moindre enfant de chœur va deuant luy à l'offrande.

Mais encore la ſeance du grand Archidiacre, lors qu'il aſſiſte l'Archeueſque, ne porte pas vne conſequence de preſeance, non plus que quand le Pape eſt aux offices publics & ſolemnels, où ayant à ſes coſtez deux Cardinaux Diacres, l'vn ſe trouue en ordre deuant le premier Cardinal Preſtre, ſur lequel il ne pretend aucun aduantage pour cela, & luy cede ailleurs en toutes ſeances & honneurs, de meſme que le Parlement

---

Concil. Matiſcon. 2. ſub Pelagio 2. anno 588. præcipit ſecularibus vt ſi obuium quempiam clericorū honoratorum in itinere habuerint, vſque ad inferiorē gradum honoris veneranter, ſicut condecet chriſtianum, illis colla ſubdant, per cuius officia & obſequia fideliſſima, chriſtianitatis intra promeruerunt.
Homil. 83. in Matth.

Vn haut Iuſticier, Seigneur du territoire, n'a ſeance dans l'Egliſe, qu'aprés les gens d'Egliſe.
Nec confuſus honos, cœleſtibus ordine ſedes prima datur, tractum proceres tenuere ſecundum.

marchant en corps, les deux Huiſſiers qui vont derriere & qui ferment le corps de la Cour, precedent les Threſoriers generaux de France, auſquels ils cederoient ſans difficulté en toutes autres rencontres.

Rome la payenne pourroit fournir des enſeignemens de pieté ſur ce ſubject, qui vouloit que tout cedaſt à la religion, meſmes ce en quoy elle mettoit le plus grand eſclat de ſa Majeſté, elle ne faiſoit point de difficulté d'aſſubjettir ſon auctorité aux choſes ſacrées, croyant qu'elle gouuerneroit d'autant plus facilement le monde, qu'elle s'aſſubjettiroit à ce qui eſtoit de la religion.

Pour tirer en conſequence, comme on veut faire, ce qui ſe paſſa, touchant le ſiege Archiepiſcopal de l'Egliſe d'Aix, en l'année mil ſix cens vingt trois, il faudroit rapporter les particularitez & les circonſtances du lieu, des perſonnes, & des couſtumes, & les preuues en forme authentique, ce qu'on ne fait pas, car la moindre diuerſité du faict, rend le droict different comme vn zero, plus ou moins, augmente ou diminue la valeur des nombres, & de fait, on voit par la copie d'vn Arreſt du Conſeil qu'on employe, qu'aux conteſtations d'Aix, il ne s'agiſſoit pas de la place de l'Archidiacre, de laquelle il n'y eſt faict aucune mention, au contraire il eſtoit alle-

Val. Max. lib. 1. c. 11. omnia poſt religionem ponenda ſemper noſtra ciuitas duxit, etiam in quibus ſumma maieſtatis decus conſpici voluit, qua propter non dubitauerūt ſacris Imperia ſeruire, ita ſe humanarum rerum futura regimen exiſtimantia, ſi diuina potentia bene, & cõſtanter fuiſſent famulata.

gué que Monſieur le premier Preſident de Prouence, auoit accouſtumé de s'aſſeoir proche de
la chaire Archiepiſcopale, on alleguoit vne couſtume, & non pas vn droict ; la queſtion eſtoit,
ſi vn coadjuteur qui n'auoit ſeance n'y pouuoir
quelconque dans l'Egliſe, du viuant de l'Archeueſque, auoit peu changer la forme des ſieges,
le Conſeil iugea fort bien que non, & ordonna
qu'ils ſeroiét remis en l'eſtat auquel ils eſtoient
d'ancieneté, & adjouſta (par forme d'accom-
modement) que les deux aſſiſtans pourroient
prendre leurs places à la main droicte de l'Archeueſque, dont il n'eſtoit poinct parlé dans la
conteſtation : qui fait voir, comme il eſt certain
d'ailleurs, que la cauſe ne fuſt pas inſtruicte ſur
ce poinct là ; & que ledit coadjuteur qui n'eſtoit
pas partie legitime, conſentit à cet accommo-
dement, n'en iugeant pas, peut eſtre, l'importan-
ce, & excedant ſon pouuoir.

En ceſt affaire, la queſtion eſt, ſi la place contentieuſe appartient à Monſieur le premier Preſident, ou au grand Archidiacre : on preuue par
actes & par raiſon, qu'elle appartient à l'Archidiacre.

L'Arreſt eſt donné ſur vne couſtume particuliere, alleguée, & non contredite, au lieu qu'à
Tholoſe on a touſiours ſuiuy le droict commun, & l'ordre vniuerſel porté par les ceremo-

Greg. Magn. epist. ad
Leandrum.

niaux; l'Eglise vniuerselle tolere bien des coustumes particulieres en quelques Eglises: mais
on ne regle iamais le general par le particulier,
& de fait il n'y a pas vne Eglise en toute la France, qui se soit reglée par celle d'Aix, & celle de
Tholose qui est des plus augustes, ne quitera
pas l'ordre general qu'elle a tousiours suiuy
pour emprunter l'vsage eslogné & particulier
de l'Eglise d'Aix, lequel deuroit estre plustost reformé par celuy de Tolose.

Que s'il y auoit du doute, & qu'il falut le iu-
ger par la coustume des autres Eglises, il faudroit recourir aux voisines, comme sont celles
de Bordeaux, Castres & Beziers, & plusieurs autres, esquelles l'Archeuesque & les Euesques ont
tousiours eu leurs deux Archidiacres assis à leurs
deux costez, dans les sieges stables qui y sont,
sans que le Parlement de Bordeaux, ou les Presidents, qui ont esté aux chambres de l'Edict, à
Castres & à Beziers, y ayent iamais apporté aucun empeschement.

Intuenda sunt consue-
tudines Regionum, &
à vicinis exempla su-
menda. Aggen. Vrbicus
Vlpian. lib. 45. ad Sa-
binum. Id sequamur
quod in regione, in qua
actu est, frequentatur.

Et si l'exemple des Eglises voisines ne nous
pouuoit regler, il faudroit auoir recours à l'E-
glise de Rome, qui est la matrice de laquelle, cóme nous auons tiré nostre doctrine, aussi en
auons nous pris nos ceremonies, & les auons
reformé à son vsage, de temps en temps, comme soubs S. Gregoire le grand, & du depuis par
le

Argumento §. vlt. Inst.
de satisfact. cum neces-
se sit omnes prouincias
caput omnium nostra-
rum ciuitatum, id est,
hanc regiam Vrbē, eius-
que obseruātiam sequi.
Tertull. de praescr. ad-
ue.f.haret, c.36. percur-
re ecclesias Apostolicas,
apud quas ipsae adhuc
Cathedrae Apostolorum

le ſoing de nos Rois, Pepin, Chatlemagne, & Louis le Debonnaire.

Si l'Arreſt donné pour l'Egliſe d'Aix faiſoit vne regle generale pour toutes celles de France, il faudroit changer tous les Ceremoniaux des Eueſques, qui ne pourroient plus eſtre ſuiuis, à cauſe de l'obſtacle perpetuel qu'ils trouuetoient en cet Arreſt. Il faudroit que les Archeueſques fiſſent l'office, & aſſiſtaſſent à l'Egliſe ſeuls, comme des ſimples Preſtres, pluſtoſt que d'auoir leurs deux aſſiſtans à leur main droite, auec vne grande indecence, & voir que l'vn tournaſt le dos à l'autel, qu'il paſſaſt & repaſſaſt à toutes occaſions deuant l'Archeueſque pour prendre ſa mitre, ou leuer ſon pluuial, & faire toutes les autres ceremonies pour leſquelles il l'aſſiſte. Il faudroit rejetter l'vſage du gremial, qui a eſté dés long temps dans l'Egliſe de Tholoſe, comme il ſe voit par l'acte de l'inſtallation de feu Monſieur le Cardinal de Ioyeuſe, de l'an 1590. qui porte que deux aſſiſtans, tenoient le gremial deuant luy; & ſe pratique encores conformément au Ceremonial, & à l'ancien vſage de l'Egliſe : Car les aſſiſtans eſtans tous deux d'vn coſté, ne le ſçauroient tenir au deuant de l'Archeueſque. Les exemples, les preceptes, & les miſteres pour leſquels la ſeance des Eueſques entre deux aſſiſtans, a eſté prati-

I

ſuis locis præſidentur. &c. Habes Romam vnde nobis quoque auctoritas præſto eſt. Chronicon Engoliſmẽſe Vualfridus, Strabo, Sigebertus, Hilduinus.

Monſieur le Maſuyer auant qu'eſtre premier Preſident, a iugé qu'il n'eſt licite d'entreprendre place ou banc incõmodãt l'office d'vn Curé, ou le public, par ſentence arbitrale du premier Septembre 1604. entre les ſieurs de la Comtardiere, & de Marconnuy en Poitou

Codinus l'appelle ἐπιγονάτιον. Balſamom dit qu'il repreſente le linge que Ieſus-Chriſt auoit deuant ſoy, lors qu'il lauoit les pieds de ſes Apoſtres.

quée en l'Eglise , seroient inutiles : Car il n'y en a point qui puisse conuenir, si les assistans sont tous deux d'vn costé.

Il est encores à considerer que dans l'Eglise d'Aix, la chaire Archiepiscopale s'estend au delà de la longueur que les sieges d'vn costé, ont, a proportion de ceux qui sont à l'opposite, en sorte qu'elle est comme hors du chœur, & l'Archeuesque n'a pas la collation des prebendes & dignitez, le Chapitre se dit exempt, & pretend que l'Archeuesque ne peut pas ordonner des sieges du chœur. Au lieu que le siege de l'Archeuesque de Tholose, & ceux de ses assistans, sont entierement dans le chœur, & le finissent du costé droit, à mesme longueur & proportion que ceux du costé gauche. L'Archeuesque de tout temps y a ordonné des seances, comme il se voit par vn reglement fait par feu Monsieur d'Orleans Archeuesque, en l'année mil cinq cés trente. Et par ce que l'Archeuesque pouruoyant aux dignitez, Chanoinies, & Prebendes de l'Eglise, assigne leur place dans le chœur, comme en estant le vray & naturel dispensateur, suiuát l'vsage ancien, & moderne de l'Eglise, tant s'en faut qu'on luy en puisse contester aucune.

On objecte vne deliberation du Parlement en datte du troisiesme Iuin de l'année mil cinq cens huictante-six , par laquelle il est porté, que le Chapitre de Tholofe propofoit à la Cour, d'agréer que, lors qu'elle feroit en corps, & robbes rouges, dans le chœur de l'Eglife; trois Archidiacres ou Chanoines fuffent placez en leurs fieges de chaque cofté au milieu du chœur ; & que Monfieur Duranty premier Prefident l'auoit refufé; Et aprés la Cour l'accorda, à la charge, que lefdits trois Archidiacres ou Chanoines fe mettroient aprés tous les Confeillers ; d'où l'on veut conclurre, que le grand Archidiacre ne doit pas eftre placé à la main gauche de l'Archeuefque, deuát aucun de Meffieurs de la Cour.

Cette deliberation fut faite fans ouïr le Procureur general, ny aucune partie legitime: Car il euft fallu en cóferer auec l'Archeuefque, qui euft fait voir , que tout droit diuin & humain y refiftoit, cóme il a efté monftré, mefmes par ce qu'en a efcrit Monfieur le premier Prefident Duranty , lequel on dit eftre l'autheur de cette deliberation , & duquel on ne doit pas prefumer, que fa croyance & fes jugements fuffent contraires à fes efcrits ; auffi cette deliberation n'a jamais efté executée du viuant dudit fieur Prefident , qui ne furuefquit que deux ou trois ans, ny depuis, & ne l'eft pas encores à prefent.

Mais pour ce qu'elle fert pour monftrer l'vfage de l'Eglife de Tholofe , elle fera receuë pour en tirer aduantage fans confequence.

Il eft à remarquer, que dans l'Eglife de Tholofe, il y a le Preuoft, le grand Archidiacre, & le
Chancelier, & quatre Archidiacres, vn Chantre, & vingt-quatre Chanoines ; & que dans la
deliberation du Parlement, il n'eft pas parlé du
Preuoft, ny du Chancelier, par ce qu'ils occupent les deux extrémitez du cofté gauche du
chœur ; & que le Parlement n'a jamais empef-
ché leur feance. Il n'eft auffi parlé que de trois
Archidiacres, de quatre qu'il y en a, pource que
l'vn d'iceux, & le grand Archidiacre eftoient
aux deux coftez de l'Archeuefque, pour l'affifter ; & le Parlement ne pretendoit pas d'apporter aucune diminution à l'apparat du feruice diuin, ny à la dignité Archiepifcopale. Ainfi cette
piece confirme pluftoft le droit de l'Archeuefque en ce point, qu'elle ne l'affoiblift.

Il conuient auffi noter, que cette deliberation
ne parle, que quand le Parlement eft en corps,
& robbes rouges, ce qui n'arriue que deux ou
trois fois l'année ; Et la conteftation eft tant
pour les jours que le Parlement n'eft pas en l'E-
glife en corps, comme quand il y eft.

On met en auant que l'Archeuefque offre
de reculer fa chaire, à fin d'en faire vne pour le
grand Archidiacre, entre celle qui eft conteftée
& la fienne. Mais tous Meffieurs du Parlement

fçauent

sçauent, que iamais l'Archeuesque n'a faict cest
offre, & ne le peut faire, pour plusieurs raisons.

LA PREMIERE est, pource que le siege
qui est à main droicte de l'archiepiscopal, abou-
tist proche d'vne porte du chœur, contre laquelle il y a vn grand Epitaphe de marbre, & au derriere, la representation en bosse du feu sieur
President de l'Estang; & que pour gaigner la
place d'vn siege entier, en reculant celuy de
l'Archeuesque, il faudroit couurir l'Epitaphe, &
vne partie de la porte, qui est necessaire à l'vsage
du chœur.

SECONDEMENT, ce seroit gaster la sim-
metrie du plus beau chœur d'Eglise qui soit en
France, le faisant plus long d'vn costé que de
l'autre.

EN TROISIESME LIEV, si on reculoit
le siege de l'Archeuesque, on le metroit hors du
chœur, qui seroit vne marque d'exemption
pour le chapitre.

can. luminoso 18. q.
2. c. 10. si Papa de pri-
uileg. in 6.
Le procez du chapitre
de Chalons qui se voit
dans les anciens Regi-
stres du Parlement de
Paris en faict foy.

Bref, l'Archeuesque deffere trop à l'ordre receu dans l'Eglise, & sçait qu'il ny faut iamais apporter aucune innouation ou changement, ce
qui a esté si souuent dit par les anciens, qu'ils en
ont faict vn prouerbe qui est fort commun dás

ἀκίνητα κινεῖν.

les escrits des Peres de l'Eglise. Que si ceste licé-
ce de changer auoit lieu, chaque personne d'auctorité voudroit changer l'ordre des sieges se-

K

lon son imagination, & arriueroit enfin qu'il faudroit que l'Eglise cedast la place au Capitole: qui est vne des plus grandes desolations qui luy puisse arriuer au dire de S. Cyprian.

Ce qu'on propose que le grand Archidiacre prenne sa place sur le marchepied de la chaire de l'Archeuesque auec vn siege portatif, n'est ne possible, ne raisonable, d'autant qu'il n'y a pas place sur le marchepied pour mettre vn siege portatif à main gauche de l'Archeuesque, qu'il ne soit au deuant de ses genoulx, & qu'il n'empesche entierement l'accez que les autres officians doiuent auoir à luy, pour l'ordre des ceremonies.

Aussi seroit il fort indecent qu'vn simple Archidiacre qui est à la main droicte eust vn siege stable au niueau de celuy de l'Archeuesque, & que le grand Archidiacre qui a vne dignité plus eminente, eust vn siege portatif, & fust à ses pieds. Les sieges de l'Eglise sont faits pour ceux qui seruent à l'Eglise, & chaque dignité à sa place certaine & fixe, sans qu'il faille vser de siege portatif pour vn vsage ordinaire. Et bien que quand l'Archeuesque officie à la Messe dans le Presbytere, les sieges des assistans soient portatifs comme le sien, il ne s'ensuit pas que quand il dit Vespres, ou qu'il assiste aux offices solemnels, pour lesquels son siege est esleué, fixe & sta-

ble, & ceux de ſes aſſiſtans ſemblables, qu'ils les
doiuent quitter, & en prédre des portatifs pour
donner ſeance à vn de Meſſieurs de la Cour, qui
peut eſtre ny viendra pas, & qui ſeroit auſſi có-
modement au ſiege ſuiuant. Si les prieres pour
eſtre faictes plus loing de l'Autel, eſtoient
moins agreables à Dieu, ce deſir d'en approcher
ſeroit loüable, mais Ieſus-Chriſt nous a enſei- *Luca. 18.*
gné le contraire.

On allegue qu'il n'y doit point auoir de milieu, entre l'Archeueſque & le Parlement, qui
repreſente l'auctorité Royalle, & c'eſt vne maxime de laquelle tant de grands perſonnages
qui ont eſté au Parlement de Tholoſe, & en
tous ceux de France, ne s'eſtoient pas aduiſez;
car aucun n'a eu encores de ſemblables pretentions, ſi ce n'eſt peut eſtre à Aix, d'où l'on ne
peut pas faire vne maxime où regle generale.
Pour dóner plus de couleur à ceſte propoſition
il n'euſt pas fallu prendre l'Archeueſque ſeul
pour l'approcher du Parlement en corps, il euſt
fallu dire qu'entre l'Egliſe ou le Clergé (qui ne
faict qu'vn corps auec l'Archeueſque) & le Parlement, il n'y doit auoir perſonne, & on euſt
paſſé ceſte maxime, qui n'euſt pas ſeparé l'Archeueſque de ſon clergé dans ſon Egliſe, autrement le conſiderant ſeul, il y aura vne grande
diſtance entre luy & la Cour, lors qu'elle y ſera

en corps; ce qui n'arriue d'ordinaire que deux fois l'année, à sçauoir aux iours de la feste Dieu, & de la deliurance de la Ville de Tholose, & ces deux iours l'Archeuesque dit ordinairement la Messe, pendant laquelle il est à l'Autel , & Messieurs du Parlement sont au chœur bien esloignez de luy. Quand sera-ce donc qu'il n'y aura point de milieu entre eux ? Il faut que ce soit quand Monsieur le premier President, ou autre de Messieurs du Parlement, y sont en particulier, & lors ils ne representent pas l'auctorité Royalle, & lors la maxime contraire seroit plus vraye, qu'il ne faut pas qu'ils soient proches de l'Archeuesque, le diuisans d'auec son Clergé: car comme Messieurs du Parlement, par leur deliberation de l'an mil cinq cens quatre vingt six, ont resolu de ne se point separer mesmes dans l'Eglise , il est encores plus raisonable que le corps du Clergé n'y soit pas separé de son chef,

Il y a tousiours eu dans l'Eglise vne muraille ou vn balustre entre les personnes Ecclesiastiques & les Laïques, & il a esté deffendu aux Laïques, de quelle qualité & cödition qu'ils soient, de se mesler parmy le Clergé dans les sieges du chœur, & d'empescher par ce moyen que l'office soit faict auec la liberté & attention qui y doit estre ; quand nos Roys ont commandé qu'on suiuit cet ordre, on ne sçauoit pas cette maxime. Mes-

Meſſieurs du Parlement de Paris en vſent
bien autrement, leſquels allans à l'Egliſe de noſtre Dame en particulier, ſe contentent des ſeances qu'on leur donne, & y allans en corps (aux
ceremonies où le Roy ſe treuue) ils laiſſent le
fonds du chœur pour les dignitez & chanoines de l'Egliſe ; & aux offices où le Roy n'aſſiſte
pas , ils laiſſent les ~~ſix~~ premiers ſieges du
coſté de l'Autel libres, pour eſtre occupez par
Meſſieurs du chapitre, leſquels par ce moyen,
ne ſont pas ſeparez de leur chef.

Pour dernier refuge, on a recours aux liber-
tez de l'Egliſe Gallicane qui ne peuuent ſeruir à
cette pretention, car elles ſont conformes aux
anciens Canons de l'Egliſe, & vniformes en
toute la France, au lieu que la nouueauté qu'on
veut introduire, eſt contraire à tous les Canons
de l'Egliſe, anciens & modernes, & à l'vſage de
toutes les Egliſes de Fráce, il ne s'en trouue d'e-
xéple qu'en celle d'Aix, s'il eſtoit bien eſtabli, au
lieu duquel on oppoſe le Capitulaire de Charle-
magne, qui declare coulpable de ſacrilege celuy qui vſurpe vne place qui ne luy eſt pas deuë.

lib. 6. c. 290. ſi quis in-
debitum ſibi locũ vſur-
pauerit, nulla ſe igno-
ratione deffedat, ſitque
plene ſacrilegÿ reus,
qui hoc agere tentaue-
rit.

La seconde qvestion n'eſt pas ſi
nouuelle que la premiere, car en l'année mil ſix
cens trois, Monſieur le Cardinal de Ioyeuſe, Archeueſque de Tholoſe, eſtant à l'aſſemblée de

L

l'hostel Dieu, feu Monsieur de Verdun premier
President, luy contesta le droit de presider.

Ils en escriuirent au Roy l'vn & l'autre, en-
uoyerent les Registres & les Statuts des assemblées, & plusieurs actes pour prouuer leur droit.
L'affaire fut examinée en plein Conseil; & la
pretention de Mósieur le premier Presidét fust
trouuée si peu raisonnable, que le feu Roy Henry le grád, de glorieuse memoire, luy comman-
da par lettre, de s'excuser de cette entreprise enuers Monsieur le Cardinal de Ioyeuse, ce qu'il
fit. Et il y a vne grande quantité de personnes
dans la ville de Tholose qui en ont encores
souuenance, mesmes de ce que Monsieur le
Chancelier de Belliéure escriuit sur ce sujet; que
luy, qui precedoit tous les premiers Presidents,
euft esté bien marry d'auoir entrepris ou pre-
tédu la preseance en telles assemblées sur Monsieur l'Euesque de Paris son Pasteur. Plusieurs
de Messieurs du Conseil ont souuenance de ce
qui en fut ordonné; & le sieur de la Rocheflauin, President aux Requestes du Palais à Tholose, fait mention de ce jugement dans son liure
des Parlements, quoy qu'il y adjouste des mo-
dificatiós sans fondement, comme il sera monstré cy aprés; Si bien qu'il semble superflu d'e-
xaminer ce different, puis qu'il ne faut pas crain-
dre que le Roy, par vn Arrest contraire, con-

Quod Imperator per epistolam constituit, legem esse constat. §. sed et quod principi. inst. de iur. nat. gent. & ciuili.

Lib. 1. chap. 1. sect. 13. n. 3. & 4.

damne vn jugement ſi juſte, donné auec tant
de cognoiſſance de cauſe, & par vn ſi grand
Roy.

Neantmoins, pour faire voir la juſtice de
ſon ordonnance, il eſt à remarquer, que l'hoſtel
Dieu de ſainct Iacques dans la ville de Tholoſe, ſitué au faux bourg ſainct Cyprien, proche de
la riuiere de Garonne, eſt de fondation, dotta-
tió, & de ſa nature Eccleſiaſtique, & que la dire-
ctió en a appartenu à l'ordinaire, tant auāt qu'il
y euſt vn Parlement à Tholoſe, que depuis.

Car d'ancienneté c'eſtoit vne Chappelle,
laquelle, pour les droits parrochiaux, dépendoit de la Cure de ſainct Nicolas ; & pour le
droit de patronage, du Prieuré de la Daurade,
ordre de ſainct Benoiſt, ſitué dans Tholoſe. A
cette Chappelle il y auoit vne Confrerie de pluſieurs perſonnes, Eccleſiaſtiques, & laïques, qui
ſ'y aſſembloient pour prier Dieu, pour faire des
aumoſnes, & prendre ſoing des pauures. Il y
auoit de ſemblables Confrairies quaſi en toutes
les Egliſes & Chappelles de Tholoſe; leſquelles
quand elles auoient quelque fonds de leurs
contributions, & aumoſnes, elles l'employoiét
à dreſſer des hoſpitaux, pour y receuoir les pauures, malades ou neceſſiteux. Et d'autant que
la Chappelle de ſainct Iacques, à cauſe de ſa ſi-
tuation, eſtoit plus propre à cet vſage que les

L ij

autres, la charité s'y échauffa dauantage : En sorte qu'en l'année mil deux cens vingt-huit, il fal-
lut agrandir le logement des pauures ; & à cet
effet le Prieur de la Daurade bailla aux Bailles
& Confreres de ladite Chappelle, six brasses de
large, à prendre de long en long sur le riuage
de la riuiere.

En l'année mil deux cens soixante sept, le
Prieur du mesme Prieuré donna aux Bailles &
Confreres, le fonds dudit Hospital, pour le public, se reseruant quelque superiorité, comme
de nommer les Prestres qui seruiroient à ladite
Chappelle, lesquels aprés prenoient de l'Euesf-
que le pouuoir d'administrer les Sacrements; &
ne pouuoient rien faire sans estre approuuez
par luy, comme il est porté par les registres dudit Hospital.

En l'année mil trois cens trois, ce Prieur donna à ladite Confrairie des maisons & jardins
voisins, pour y establir des Religieuses, qui euf-
sent soing des malades, se reseruant le droit de
les pouuoir instituer, & destituer.

Comme on recogneust la commodité de cet
Hospital, à cause du voisinage de la riuiere, necessaire pour la netteté de tels lieux: La Confrerie *de corpore Christi*, instituée dans l'Eglise de
sainct Estienne (qui est la Metropolitaine) &
dans la parroisse du Taur, qui auoit vn Hospital

tal proche de chacune de ces deux Eglifes, voulant transferer ces Hofpitaux en celuy de fainct
Iacques, commença par celuy de fainct Eftienne. Et d'autant que ces Eglifes & Confreries
dépendoient entierement de l'Archeuefque, &
eftoient foubs fa direction, il prefida à l'affem- blée qui fut faite pour ce fujet, comme il eft
porté expreffément par l'acte qui en fut dreffé,
en datte du vingt-huictiefme Auril mil trois
cens quatre vingts vnze. Quelque temps aprés,
l'Hofpital de l'Eglife du Taur, qui eftoit pour
les enfans expofez, y fut auffi transferé, l'acte ne
fe trouue pas : mais il eft vray-femblable qu'il
fut fait en la mefme forme que le precedent,
puis qu'il dépendoit de mefmes perfonnes.

L'acte porte, Reueren-diſsimo in Chriſto Patre domino Franciſco miſeratione diuina Archiepiſcopo Toloſano praſidente.

En l'année mil quatre cens huict, l'Archeuefque eftablit quatre furintendáts, pour gou-
uerner ledit Hoftel Dieu, lequel par le paffé
auoit efté regy par les Bailles ou Confreres, qui
eftoient adminiftrateurs & furintendants tout
enfemble.

Il n'y auoit point encore de Parlement à
Tholofe, & n'y fut eftably qu'en l'année mil
quatre cens quarante quatre.

En l'année mil cinq cens quatre, le Parlemét
ordonna que tous les autres Hofpitaux de la
ville, feroient transferez en celuy de fainct Iacques, comme le plus commode. Et dés lors

l'Hoſpital de ſainct Denis, celuy de noſtre Dame du Puy, & pluſieurs autres, qui dépendoiét entierement de la direction de l'Archeueſque, y furent transferez.

En l'année mil cinq cens cinquante ſix, le quinzieſme de Nouembre, par deliberation de l'aſſemblée dudit Hoſtel Dieu, il fut ordonné au Treſorier, de faire recepte du reuenu des Confreries abolies.

En la meſme année, le troiſieſme Decembre, Monſieur Maiſtre Iean Barthelemy Preſident aux Enqueſtes fiſt ſon teſtament, par lequel il donna vn benefice, nommé Lecclesiaſte de Sarrault, pour eſtre vny à l'Hoſtel Dieu; fonda l'entretenement de quatre Preſtres, pour conſoler & inſtruire les malades, & leur adminiſtrer les Sacremẽts : Et par clauſe expreſſe, *Il ſupplie Monſeignenr le Cardinal de Medon Archeueſque de Tholoſe, & ſes Vicaires generaux, en ſon abſence, de confirmer, & approuuer cette fondation, & l'authoriſer, Comme ſuperieur, & ſuppléer les deffaults, qui y pourroient eſtre.*

Ce teſtament ainſi conceu, fut preſenté en l'aſſemblée de l'hoſtel Dieu, en laquelle preſidoit Monſieur le premiér Preſident de Manſencal, en l'abſence de Monſieur le Cardinal de Medon Archeueſque, fut leu, approuué, & enregiſtré, auec ladite qualité de ſuperieur, ſans

Les Preſidents des Enqueſtes eſtoient Eccleſiaſtiques, comme le remarque de Luc. lib. 4. placit. tit. 4. Et pour cette cauſe ils tiennent encores des offices de Conſeillers clercs auec leurs Commiſſions.

L'Vn des Preſidẽts du Parlement preſide en ſes aſſemblées en l'abſẽce de l'Archeueſque, comme il ſera monſtré cy aprés. Et le meſme teſtament fait mention de l'abſence de l'Archeueſque.

aucun contredit.

Il eſt prouué par deux arreſts, que quand le Treſorier a manqué de fonds, le Parlement a quelquefois ordonné, qu'impoſition ſeroit faite ſur les Eccleſiaſtiques, leſquels y font de grandes contributions ordinaires, particulierement l'Archeueſque, les Chapitres de ſainct Eſtienne, & de ſainct Sernin, le Commandeur de Garridech, & autres ; Ils en font auſſi d'extraordinaires, tant volontaires, que contraintes : Car toutes & quantes fois qu'il y a des Eueſchez, ou Abbayes en œconomat, le Parlement, à la requeſte du Treſorier, ordonne à l'œconome de payer des notables ſommes audit hoſpital, & quelquefois fait ſaiſir les benefices, & applique le reuenu à l'hoſtel Dieu, comme il a fait celuy de la Commanderie de Garridech.

Cet hoſtel Dieu a encores vne metairie dépendante de l'Archeueſché, à cauſe de la ſeigneurie de Balma. Et quand tous ces reuenus ne ſuffiſent pas à la nourriture des pauures, le Treſorier fait voir aux Capitoux la recepte & dépence, & ils fourniſſent à ce qui manque, aux dépens de la ville, dont l'impoſition ſe fait ſur tous les corps & ordres. Voila l'eſtat de la fondation & dottation de l'hoſtel Dieu, ſelon qu'il ſe trouue par les regiſtres qui reſtent, de pluſieurs, qui auoient eſté produits par feu Monsieur le Cardinal de Ioyeuse, contre feu Monsieur le President de Verdun.

Pour juger, qui doit auoir la direction d'vn hostel Dieu de cette nature, & presider aux assemblées qui se font pour le regir, il faut distinguer trois choses.

La premiere, est la Iurisdiction contentieuse, & l'auctorité pour contraindre, laquelle, suiuant l'vsage de France, appartient au Parlement, qui ordonne sur les appellations interjettées des resolutions du Bureau, ou sur les requestes presentées par Monsieur le Procureur general, ou le Tresorier de l'hospital.

La seconde, est l'administration, qui consiste, en la recepte & dépence, & à pouruoir aux necessitez de la maison. Cette charge est commise à vn officier, qu'on appelle Tresorier, qui est pris des trois corps de la ville, à sçauoir de l'Eglise, des bourgeois de robbe longue, & des bourgeois de robbe courte, de chacun par ordre; & il change tous les ans.

Et bien que par les ordonnances de nos Rois les Ecclesiastiques soient exempts de cette administration, qui est onereuse, & qui est trop dans le tracas des affaires pour eux; neantmoins on les y contraint à Tholose, & aucun ne s'en peut décharger qu'en donnant cinq cens liures, suiuant vn ancien arrest du Parlement, soubs

couleur

couleur que ces ordonnances n'y ont pas esté receuës, ny verifiées.

La troisiéme, est la surintendance, qui appartient à vne assemblée, composée de l'Archeuesque, d'vn, ou de deux Presidents du parlement, quatre Conseillers (desquels il y en a vn d'Eglise) des gens du Roy, du grand Vicaire de l'Archeuesque, des Capitoux, du Tresorier, du Prestre semanier, du Medecin, du Chirurgien, du Procureur, du Scindic, & de tous ceux qui ont esté Tresoriers, soient d'Eglise ou seculiers, & de plusieurs autres.

Dans cette assemblée, on eslit les Tresoriers, & autres officiers, on commet des Commissaires pour ouïr les comptes, lesquels aprés on arreste, & signe, on delibere sur les necessitez de l'hostel Dieu, on pouruoit à ce que les pauures soient seruis & assistez, tant spirituelement que corporelement ; on nomme des Prestres pour faire le seruice, & administrer les Sacrements, qui aprés sont approuuez par l'Archeuesque, on ordonne de leurs gages, & de ceux des officiers ; Que s'il suruient quelque affaire, qui gise en execution : Monsieur le Procureur general presente requeste au parlement, en vertu des arrests & ordonnances duquel on agit.

L'Archeuesque est le premier surintendant, & doit presider en telles assemblées, soit qu'on

N

regarde la fondation , dotation , & nature de l'hostel Dieu , ou la possession , & coustume de la prouince ; soit qu'on aye égard à l'vsage ancien de l'Eglise, au droit Ciuil, & Canon, & Ordonnances.

La fondation & dotation sont Ecclesiastiques, ç'a esté au commencement vne Chappelle, de laquelle le bastiment fut agrandy sur le fonds de l'Eglise ; les maisons & jardins sont donnez par le Prieur de la Daurade ; les hospitaux de toutes les autres Eglises de Tholose y sont vnis, & tous les reuenus des Confreries abolies, qui sont aumosnes, oblations, & contributions de pieté, desquelles la direction appartient à l'Eglise.

Surquoy est à considerer, que chaque Eglise de Tholose, auoit son hospital, & sa Confrerie pour le regir ; & ce (comme il est vray-semblable) en suite des Canons, qui enjoignent aux Ecclesiastiques d'exercer l'hospitalité enuers les pauures, & en donner l'exemple au peuple, à fin de le disposer par aprés à cette action de charité. Les Confreries estoient instituées à cet effet, comme il se lit au Concile de Gangres, qui prononce anathéme contre *ceux qui fuyent, ou méprisent les exercices des personnes, qui employent fidelement les Agapes , traittent les pauures , & conuoquent des Confreres pour l'honneur de Dieu.*

De telles Côfreries l'vfage a efté de tout temps
à Tholofe : & Monfieur Duranty, premier Prefident, en fait mention en fon liure des ceremonies de l'Eglife.

Lib. 1. c. vlt. n. 4.

Ces affemblées ont efté toufiours tenuës
dans les Eglifes, & foubs l'authorité de l'Archeuefque, & ont efté regies par des directeurs ou
furintendants, qu'à Tholofe on appelle Bailles,
defquels il y en a toufiours quelqu'vn Ecclefiaftique, qui preside, & precede tous les Confreres, tant Prefidents de la Cour, qu'autres, quád
le Baille feroit le moindre Chappellain de l'E-
glife, comme il fe voit par les extraicts d'vn
grand nombre d'actes.

En ces Confreries, il fe faifoit de tout temps
certaines contributions volontaires, appellées
par Tertulian *depofita pietatis*, qui eftoient em-
ployées en aumofnes, felon l'ordonnance des
Bailles.

Paul 1. Corinth. Vlt. Tertul. Apol. c. 39. modicam vnufquifq; ftipem menftrua die, vel cum velit, & fi modo velit, & fi modo poffit. apponit, nã nemo compellitur, fed fponte cõfert, hæc quafi depofita pietatis funt, &c.

Puis donc que l'hoftel Dieu a efté inftitué,
& regy par vne Confrerie, que tous les autres
de Tholofe y ont efté vnis, qui eftoient eftablis
par les Eglifes, & augmétez par les Confreries;
& que tous les reuenus des Confreries abolies
y ont efté incorporez, qui doute qu'il ne retien-
ne fa premiere & ancienne nature, d'eftre regy
par vn chef Ecclefiaftique, qui precede tous les
autres, quand ils feroient Prefidents. Cela eftát,

qui peut dénier à l'Archeuefque le droit d'y prefider, comme chef? puis qu'il auoit droit de
prefider aux Confreries, & y a prefidé pour
transferer les hofpitaux qui en dépendoient, en
celuy de fainct Iacques.

Il a efté remarqué, que les plus grandes contributions, & quelquefois toutes, fe font par
l'Eglife, qu'il y a des benefices vnis; outre ce, plufieurs Ecclefiaftiques ont fait l'hofpital heri-
tier, comme depuis vingt ans vn Chanoine de
fainct Eftienne, vn Recteur du Diocefe, vn
Preftre de fainct Nicolas, & autres : Monfieur
Barthelemy, Preftre, y a fait de grands biens ; de
maniere que la fondation, & la dotation font
Ecclefiaftiques.

De fa nature il eft auffi Ecclefiaftique, ç'a
efté vne Chappelle dés fon commencement, il
y a des autels, où plufieurs feruices font fondez,
on y gaigne des Indulgences, tous les Sacrements y font adminiftrez, on y dit des Meffes
parrochiales, on y fait l'eau benifte, le profne, le
fermon, la doctrine Chreftienne, & y a quatre ou cinq Preftres entretenus à cet effe t, qui
affiftent les malades, & enterrent les morts
dans vn cemetiere qu'ils ont, il y a vn clocher,
qui font marques certaines que la maifon dé-
pend de l'Archeuefque, comme il eft porté en
Clem. quia contingit de Relig. domib. termes exprés par le Concile de Vienne ; les en.

fans

fans expofez y font efleuez, defquels le foing eſt
impofé à l'Eglife par les ordonnances. Il y a quatre furintendants Ecclefiaſtiques. Et toutes &
quantesfois que pour les maladies ou autres in-
commoditez on n'y peut tenir le confeil, il eſt
transferé en quelque maifon Ecclefiaſtique,
comme il a efté plufieurs fois au Monaſtere des
Carmes, & fe tient toufiours és jours de feſte,
ou Dimanche, comme les Confreries & Con-
gregations de pieté, defquelles il a eu fon commencement. Et quand quelque Archeuefque,
ou Euefque de la prouince, ou d'ailleurs, fe ren-
cótre à Tholofe, il a entrée aufdites affemblées,
comme l'Archeuefque d'Aix, les Euefques de
Lodefue, de Tarbe, & d'Aure, y ont efté plufieurs fois depuis foixante-fix ans, & y ont eu
feance aprés les Archeuefques de Tholofe, deuant les Prefidents, & Confeillers de la Cour;
Que fi c'eftoient des affemblées politiques, ils
n'y auroient eu entrée quelconque. Bref, c'eſt
vn hoftel Dieu, le nom en monſtre la nature.

L'affemblée qui s'y fait eſt compofée de trois
ordres de la ville, à fçauoir, de l'Eglife, des bourgeois de robbe longue, & des bourgeois de
robbe courte; l'Eglife conſtituë le premier, &
prefide d'ordinaire en telles affemblées, comme
elle fait aux Eſtats, & affemblées, qui font com-
pofées des ordres de la prouince ou des diocefes.

O

Les Archeuesques ont eu dés le commencement la direction de cet hospital , & en ont
tousiours continué la possession : car on n'a pas
fait vn cemetiere, vn clocher, ny eu le droit d'administrer les Sacrements, que soubs l'adueu de
l'ordinaire ; la Confrerie, par laquelle ledit hostel Dieu estoit regy , & à laquelle ont succedé
les surintendants, n'a peu estre establie que par
la permission , & soubs l'authorité des Euesques, lesquels ont approuué les Prestres, & leur
ont donné le pouuoir de faire les fonctions cu-
riales : ils ont transferé les autres hospitaux en
celuy-cy, & presidé aux assemblées, qui ont esté
faites pour ce sujet , ils y ont fait & creé des in-
tendants, & dressé des statuts, & en ont esté les
directeurs absolus deux cens ans deuant qu'il y
eust des Presidents à Tholose ; & on ne trouue
pas que nos Rois, par l'establissement du Parlement, ayent voulu diminuer en rien l'authorité de l'Eglise ; Et de fait, il a esté remarqué, comme depuis son erection, Monsieur le President
Barthelemy y a recognu la superiorité des Archeuesques, au veu & sceu de Monsieur le premier President de Mansencal, qui ne la pas dé-
nié.

Monsieur le Cardinal d'Armagnac fut fait
Archeuesque de Tholose au mois d'Aoust de
l'année mil cinq cens soixante deux : aussi tost

Burcard. lib. 1. c. 94.

qu'il fut propofé il entra en ces affemblées, & y prefida en prefence de Monfieur d'Affis pre-mier Prefident, & continua aprés fa prife de poffeffion, y menant auec foy des autres Euef-ques qui prenoient feance aprés luy, deuant le-dit fieur Prefident d'Affis.

Monfieur de Foix ayant efté pourueu de l'Archeuefché de Tholofe apres Monfieur le Cardinal d'Armagnac, entre autres bons def-feins qu'il auoit pour regler fon Diocefe, lors qu'aprés fon Ambaffade de Cour de Rome il y euft efté de retour, propofoit d'auoir vn foing tres particulier des hofpitaux, fi Dieu n'en euft difpofé autrement; il n'ignoroit pas l'vfage de Tholofe, ou il auoit paffé vne partie de fa ieuneffe.

Monfieur le Cardinal de Ioyeufe, ayant pris poffeffion de l'Archeuefché, en l'année mil cinq cens quatre vingt dix, fe rendit affidu dés le commencement aufdites affemblées, & y prefi-da toufiours, fans que les premiers & autres Prefidents du Parlement, y ayent iamais recla-mé, non plus que les Confeillers & gens du Roy qui l'y affiftoient, & defquels le plus ancien te-noit toufiours la place du premier Prefident, il continua cette poffeffion iufques en l'année mil fix cens trois, pendant lequel temps il fit fa vifi-te dans l'hofpital, commit plufieurs fois des

Conſeillers de la Cour, Commiſſaires, pour ouyr les comptes, les ſigna le premier, approuua les Preſtres, les manda ſouuent pour venir aux proceſſions, comme ils y ſont touſiours allez & y vont encores au mandement de l'Archeueſque.

En l'année mil ſix cens trois, Monſieur de Verdun qui venoit d'eſtre pourueu de l'office de premier Preſident, ayant voulu troubler ceſte poſſeſſion, en fut blaſmé par le Roy, comme il a eſté dit, & ledit ſieur Cardinal, continua de preſider en trois aſſemblées, apres leſquelles eſtant appellé aux affaires publiques, il quitta Tholoſe, & enfin n'y pouuant pas reſider, reſigna l'Archeueſché, & c'eſt le dernier eſtat de la poſſeſſion.

L'vſage de la Prouince eſt conforme à celuy de Tholoſe, & le Parlement le confirme toutes & quantesfois qu'il y ſuruient des conteſtations. Il a adiugé par ſes Arreſts, la direction de l'hoſpital du Puy en Velay, de celuy de Tarbes, & de pluſieurs autres, aux Eueſques des lieux, pardeſſus les officiers du Roy ; & de fraiſche memoire, Monſieur le Maſuier premier Preſident, ayant eſté nommé arbitre des differents qui eſtoient entre Monſieur l'Eueſque de Lectoure, & le Seneſchal, euſt auec ſoy pour conſeil, des plus habiles Conſeillers & Aduocats du Parle

Arreſt des Grāds iours tenus au Puy, le dernier iour d'Octobre 1548.
Arreſt pour Tarbe du 19. Iuin 1617.

Parlement, par l'aduis defquels il ordonna que l'Euefque feroit appellé aux affemblées de la maifon de Ville, & que neantmoins le Magiftrat en auroit la direction; & que pour les affemblées du Bureau des pauures, l'Euefque en auroit la direction, & en fon abfence le Iuge Mage, diftinguant en cela les affemblées de la maifon de Ville comme politiques, de celles de l'hofpital comme Ecclefiaftiques. Par cefte fentence qui eft du dixfeptiefme May, mil fix cens vingt fix, Monfieur le premier Prefident a iugé conformement à l'vfage de Tholofe, qui eft la *Quod quifque iuris in altum ftatuerit, eodem ipfe vtatur. ff.* Ville capitale du reffort, où l'Archeuefque prefide en telles affemblées, & en fon abfence le Magiftrat.

L'vfage de l'Eglife & le droict donnent aux Euefques l'entiere direction des hofpitaux. Car dés le commencement du Chriftianifme, ceux qui fuiuans le confeil Euangelique, vendoient *Act. 4. afferebant pretia eorum qua vendebant & ponebant ante pedes Apoftolorum.* leur bien pour donner l'argent aux pauures, en deferoient la difpenfation aux Apoftres, defquels les Euefques font fucceffeurs. Et lors que l'Eglife commença à joüyr de quelque paix & liberté, les Ecclefiaftiques employoient ces deniers, & les leurs, en maifons & fonds, pour loger & nourrir les pauures, comme firent S. *Martyrolog. Roman.* Zoticus, S. Pammachius, S. Sanfon, & S. *D. Hieron. ep. 4. ad Rufticum. 11. ad Ageruchiam.* Exupere Euefque de Tholofe, qui eft appellé pere des pauures par sainct Hierosme. Aussi l'Empereur Iulien, exhortat les Pontifes payens à construire des hospitaux & prendre soin des pauures, leur proposoit l'exemple des Euesques Chrestiens, ausquels cet employ estoit si propre, que l'Empereur Iustinian en sa compilation du Code, a redigé les constitutions de ses predecesseurs qui parloient des hospitaux sous le tiltre *de Episcopis & Clericis* : & n'a laissé aucune part aux juges seculiers en cette direction que pour l'execution & contrainte, comme il se veoit en vne de ses Nouuelles. Le Pape Gregoire IX. a reduit toutes les Decretales qui en traitoient, sous le tiltre de *Religiosis domibus vt Episcopo sint subjectæ*, ausquels lieux cette charge leur est imposée par plusieurs loix & Chapitres; Aux cahiers des Estats, il n'est traité de cette matiere que parmy les reglements des choses Ecclesiastiques, cóme en ceux de Tours & derniers de Paris; les Conciles de l'Eglise, mesmes ceux de France, sont formels sur ce sujet. Au cinquiesme Concile d'Orleans, tenu l'an cinq cens cinquante deux, la fondation d'vn hospital de Lyon faicte par le Roy Childebert, est confirmée à la requisition du Roy, & la surintendance & entiere direction en est donnée à l'Archeuesque de Lyon; que si cela à lieu aux hospitaux de fondation Royale, à plus forte

raison en ceux qui sont de fondation Ecclesiastique, comme celuy de Tholose ; Bref, le Concile de Trente qui est receu à Tholose, tant au
Palais qu'à l'Eglise, & obserué comme vne loy
tres-saincte : enjoint aux ordinaires d'auoir la
sur-intendance des hospitaux, à ce qu'ils soient
bien administrez & regis, quand mesmes les administrateurs seroient exempts, renouuellant
en cela les Canons du Concile de Vienne, & de
plusieurs autres, comme de Calcedoine, d'Aix-
la Chapelle, & de Meaux, desquels a esté formé le Canon du Concile prouincial de Tholose, tenu l'année mil cinq cens quatre vingt dix,
par lequel il est ordonné que les hospitaux qui
ne sont de fondation Royalle, seront visitez par
les ordinaires, & qu'ils prendront soing des
pauures, & feront rendre compte aux administrateurs. Ce Canon est publié & obserué dans
toute la prouince, depuis trente huict ans sans
contredict.

Le Parlement de Paris a adjugé à l'Eglise, la
direction des hospitaux semblables à celuy-cy,
comme de celuy de Peronne aux Chanoines & *Choppin. de sacr. pal.*
chapitre, & le Conseil a adjugé celle de l'hospi-
tal de Coiffort prés du Mans, aux Doyen, Chanoines & chapitre du lieu. A Paris quand les
Doyen, Chanoines & Chapitre de nostre Dame vont au bureau de l'hospital, ils ont la pre-

feance pardeffus tous les Magiftrats qui y font,
à quoy eft conforme l'ordonnance de Melun.

Monfieur le premier Prefident pretend d'y
deuoir prefider, & que l'Archeuefque doit prendre feance aprés luy, deuant tous Meffieurs de
la Cour, à quoy il y a peu d'apparence, car l'Archeuefque n'y affifte pas comme Confeiller où
Commiffaire de la Cour, mais de fon chef, &
par l'obligation de fa charge Paftorale, & en
fon abfence fon grand Vicaire y eft; Et Meffieurs du Parlement y affiftent, où comme particuliers, où comme Commiffaires de la Cour:
car de dire qu'ils y foient en corps, il n'y a point
d'apparence, puis qu'ils n'y vont qu'és iours de
fefte, & fans les marques de la Court en corps;
s'ils y font comme particuliers, ils n'y doiuent
pas preceder l'Archeuefque non plus, qu'en
tous autres endroits; s'ils y font comme Commiffaires de la Cour, ils ne fe doiuent pas fepa-
rer les vns des autres, d'où il s'enfuit qu'il faut
ou que l'Archeuefque les precede tous, ou qu'il
prenne feance aprés tous; le dernier eft fans
exemple, & ne l'ont iamais pretendu, il faut
donc qu'il les precede tous.

Et bien qu'vne partie des hofpitaux qui ont
efté vnis à celuy de S. Iaques dependit des maifons Regulieres; il eft neantmoins certain que
la plus grande partie dependoit des Eglifes fub-
jectes

jectes à l'Archeuesque, & que tous les Confreres ou Administrateurs, & les hospitaux, estoient
soubs sa direction, mesmes ceux desquels les
Religieux auoient le soing ; Car l'exemption
accordée par le S. Siege à quelques communau-
tez, n'est que pour leurs personnes, & pour les
lieux reguliers, & non pas pour ce qui depend
de l'administration des Sacrements & discipline exterieure. Et particulierement en ce qui est
des hospitaux , ils sont subjets aux Euesques
comme il est decidé par le Concile de Vienne,
& par celuy de Trente.

Clem. quia contingit. de Relig. domib. Concil. Trident. sess. 7. can. 15.

Quand les personnes laïques auroient con-
tribué à l'augmentation & entretenement de
cest hospital (comme on veut dire) l'Archeuesque n'y auroit pas moins de droict : d'autant
que ce seroit par des lais pieux, desquels l'execution & dispensation depend de l'ordinaire : la
plus grande partie des benefices & Eglises sont
fondees par la contribution des personnes seculieres , les Magistrats n'en ont pas pour cela la
surintendance.

On allegue, que les Capitoux ont la direction
de l'hospital de S. Sebastien ou de la Graue, au
Fauxbourg de Tholose , qui est pour les malades de la peste : cela est vray, aussi les Archeuesques ne s'y sont iamais ingerez, que si le soing
en fût demeuré aux Capitouls seuls, & que per-

Q

sonne autre ne s'y fut plus interessée que les Archeuesques, la maison se fut trouuée libre & meublée, comme elle auoit esté d'ancienneté, pour receuoir les malades, & loger les Prestres qui se sont offerts pour les secourir, dés que le mal a commencé d'affliger la Ville de Tholose, lesquels on n'a peu si tost employer à faute de logement.

Les ordonnances qu'on objecte ne parlent que de la reformation des abus, ou de l'administration des hospitaux, & non de la direction ordinaire, encores n'ont elles pas esté verifiées au Parlement de Tholose où l'on contraint les Ecclesiastiques d'en prendre l'administration, & les Euesques sont en possession dans tout le ressort, de presider aux assemblées des Bureaux des pauures, aussi on demeure d'accord que l'Archeuesque de Tholose y doit assister ; la question n'est que pour sçauoir qui presidera. Et ne sert de rien d'alleguer les exemples de quelques autres hospitaux, qui sont hors du ressort, car il faudroit en monstrer les fondations, qui peuuent changer le droict commun.

On oppose les actes de quelques assemblées ausquelles feu Monsieur le Cardinal d'Armagnac Archeuesque de Tholose, est nommé apres Monsieur le premier President d'Affis. Et sur ce fondement feu Monsieur le President de

Verdun entreprit de prefider Monfieur le Cardinal de Ioyeufe: mais le Roy recogneut que le
Greffier n'auoit pas gardé l'ordre des feances,
ains auoit efcrit le nom des Intédants, à mefure
qu'ils arriuoient, comme il fe voit qu'en quelques vns defdits actes, non feulement ledit fieur
premier Prefident eft nommé deuant ledit fieur
Cardinal, mais encores d'autres qui ne preten-
dirent iamais de le preceder. Il n'y a rien de fi
fautif dans les actes, que l'ordre des qualitez,
auquel vn Greffier gratifie ceux qu'il veut, ou
peche par inaduertance, comme on voit d'ordinaire, mefmes aux actes des Conciles, où les
Prefidents font bien fouuent nommez confu-
fement, auffi on ne s'y arrefte pas quand il ap-
paroift d'ailleurs du droict. Le feu Roy Hénry
le Grand, ne laiffa pas pour ces mefmes actes de
condemner ledit fieur Prefident de Verdun, à
ceder. Et defpuis ce petit nombre de feances il
s'en trouue plus de vingt-cinq, efquelles Monfieur le Cardinal de Ioyeufe à prefidé en prefence des Confeillers de la Cour, en prefence auffi
des gens du Roy, au veu & fceu de tous les Prefidents, qui n'ont point reclamé. Meffieurs du
Parlement auoient vne poffeffion mieux efta-
blie aux Confeils de la maifon de Ville, qu'ils
ne l'ont iamais eu en ceux de l'hoftel Dieu, ils
n'ont pas laiffé de la perdre par arreft du Con-

feil de l'an mil fix cens vingt trois, fur la cognoiffance qu'on a; qu'vn grand corps eftend facilement fon auctorité aux moindres occafions, fi
bien que quand il auroit entrepris à l'hoftel
Dieu, il faudroit toufiours reuenir à la verité, &
rendre à chacun fon droit.

Si cefte affemblée faifoit des Arrefts, comme
on veut dire, ou quelle euft vne iurifdiction
contentieufe, elle ne fe tiendroft pas aux iours
de fefte, ne hors du Palais comme elle fait. Le
Parlement y feroit en corps ou en nombre fuffifant pour faire des arrefts, & les Capitouls ne
feroient pas reformer fes ordonnances.

Pour les impofitions qu'il faut faire, l'afséblée prie & exhorte les Capitouls de les faire, &
fi les prieres ne font en forme agreable à la maifon de Ville, elle les fait reformer, où n'y a aucun
efgard. Les refolutions font portées de l'Hoftel
Dieu à la maifon de Ville, où elles font encores
examinées, & deliberatió eft prife fur icelles, laquelle eft aprés prefentée au Parlemét, tout cela
ne fe feroit pas, fi ladite afséblée auoit auctorité
coactiue, ou quelle donna des Arrefts. Auffi le
Chirurgien, le Medecin, le Procureur, y ont
voix deliberatiue, lefquels n'ont point de jurifdiction pour donner des Arrefts. Et pour les
amendes de ceux qui refufent l'adminiftration,
elles s'exigent en vertu d'vn ancien Arreft du
parle

parlement, & non des deliberations de l'assemblée, lesquelles ne seront pas de moindre force,
quand, outre tous ceux qui y assistent, l'Archeuesque y sera pour auoir la direction, il peut presider aux estats generaux du pays, ou il se traitte
des affaires plus seculieres & plus importantes,
que celles de l'hostel Dieu, & les resolutions qui
s'y prenent, ne sont pas d'autre nature qu'elles
estoient, lors que Messieurs les Cardinaux de
Medon, d'Armagnac & de Ioyeuse, en estoient
les directeurs. Et quand il y auroit iurisdiction
contentieuse, l'Archeuesque l'auroit, en matiere
d'aumosnes & d'œuures pies, comme sont cel-
les-là ; le Parlement la iuge ainsi par ses arrests.

LE TROISIESME DIFFERENT pro-
cede, de ce qu'à la Pentecoste derniere, les Religieux de sainct Dominique, tenans leur Chapitre general à Tholose, proposerent des Theses
en Theologie: lors les Estats du Languedoc, y
estoient assemblez, esquels y auoit plusieurs
Euesques de la Prouince, & l'Archeuesque
de Tholose y presidoit. Le Pere general des Iacobins ayant prié, & fait prier par vn bon nombre de ses Religieux, lesdits Archeuesque &
Euesques, de se trouuer aux disputes, ils y assi-
sterent, aprés qu'ils eurent sceu, qu'on leur auoit

R

preparé des fieges, en rang feparé de Meffieurs
du Parlement, & que Monfieur de Montrabe
Prefident en la grand chambre, & Monfieur de
Cambolas Prefident aux Enqueftes, qui y
eftoient arriuez les premiers, auoient affeuré
que Meffieurs du Parlement ne fe pourroient
plaindre de l'ordre des feances, comme il eftoit
preparé. Et de fait, ils y furent & receurent les
premieres falutations des Profeffeurs & Docteurs de l'Vniuerfité qui difputerent, & l'affemblée fe paffa fort paifiblement fans aucun
tefmoignage de mefcontentement de la part de
Meffieurs du Parlement, qui y eftoient en
grand nombre. Ce iour là, Monfieur le premier
Prefident n'y affifta pas, pource qu'il auoit af-
femblé le Confeil de l'hoftel Dieu, pour faire refoudre, que l'Archeuefque y venant, prendroit
place aprés luy, mais il n'y treuua pas les opinions conformes à fon intention, qui fut caufe
qu'il ne refolut rien. Le lendemain qui eftoit le
treiziefme iour du mois de Iuin, & la derniere
Fefte de la Pentecofte, les Religieux propofe-
rent des Thefes, *De fcientia Dei, de voluntate
Dei, de auxiliis diuinæ gratiæ, de prouidentia Dei,
& prædeftinatione.* Et fi l'Archeuefque euft creu
que fa prefence euft caufé vne fi grande efmo-
tion qu'elle fit, il fe fut abftenu d'y aller, pour
donner loifir à Monfieur le premier Prefident,

& autres, de s'informer de l'ordre qu'aůoient gardé leurs predeceſſeurs, & qui ſe garde aux autres Parlements: cóme pour meſme raiſon il auoit differé, d'aſſiſter aux offices dans ſó Egliſe, & d'aller aux aſſemblées de l'hoſtel Dieu ; où Monſieur le premier Preſident luy auoit denoncé la conteſtation, il euſt eſperé, qu'vn peu de temps, euſt donné cognoiſſance à vn chacun de ſes rangs, & empeſché toute contention. Mais ne l'ayant peu preuoir, la conſideration du reſpondant, qui eſtoit vn Religieux François, & de la matiere, qui eſt difficile & controuerſée dans les Eſcholes, & la priere des Religieux, l'inuiterent d'y aller auec Meſſieurs les Eueſques de Ciſteron & de Lodeſue ; Monſieur l'Eueſque de Mirepoix, Docteur de Sorbonne, & l'vn des plus anciens Prelats & Predicateurs de France, y vint apres eux, ils eſtoient auec le Rochet, le Camail, & le Bonnet, & l'Archeueſque auec ſa Chappe pótificale. Auſſi-toſt qu'ils furent arriuez, l'vn des profeſſeurs de l'Vniuerſité leur vint dire, qu'il auoit eſté aduerty, que Monſieur le premier Preſident auoit aſſemblé chez ſoy quelques vns de Meſſieurs du Parlemét, & reſolu de venir aux diſputes, & amener Monſieur de Fiobet Aduocat General, afin que ſi les diſputans ſalüoient leſdits ſieurs Archeueſque & Eueſques, deuát que ledit ſieur

premier Prefident & autres de la Cour, ledit
fieur Aduocat prît fur le champ des côclufions
contre lefdits difputants, qui demandoient ce
qu'ils auoient à faire, l'Archeuefque creût qu'il
falloit empefcher ce defordre, & gaigner le
loifir d'en conferer de fang froid auec Meffieurs de la Cour: C'eft pourquoy il fit refpôfe,
qu'ils ne falüaffent perfóne, mais qu'en termes
generaux, ils fe promiffent la continuation de
la faueur qu'ils auoient receu le jour precedent;
ce qui fut fait par tous, & Monfieur l'Aduocat
General n'eut fujet de plaider.

Monfieur le premier Prefident & Monfieur de Caminade fecond Prefident, y arriue-
rent, ayans auec eux ledit fieur Aduocat, ils
prindrent la feance que les autres Prefidents a-
uoient occupé le jour precedent: & auffi toft
ledit fieur premier Prefident fe leua, & fans plai-
doirie ny rapport precedent, prit les opinions
de cinq ou fix, de vingt ou trête Côfeillers qu'il
y auoit, & aprés f'en vint à l'Archeuefque, effoi-
gné de luy, de quatre pas, & tout en chaleur,
fans falüer, luy dît ces paroles, *Vous eftes du
corps du Parlement, Ne voulez-vous pas prendre voftre place parmy la Cour?* L'Archeuefque
luy refpondit: Qu'ils eftoient dans l'Eglife, &
non au Palais, & que fon charactere & celuy de
fes confreres, les faifoient juges des queftions de
Theolo

Theologie, comme eſtoient celles qui ſe traittoient, au lieu que Meſſieurs les Preſidents &
Conſeillers n'y eſtoient que comme aſſiſtans. Il
s'eſmeut encore dauantage de ceſte reſponſe:
& prenant ſa chaire, la traîna auec violence au
deuant des genoux de l'Archeueſque, luy diſant, auec vne parole pleine d'aigreur, *Vous eſtes*
venu icy pour troubler le ſeruice du Roy, L'Archeueſque reſpondit, *Qu'en ce qui eſtoit du ſerui-*
ce du Roy, il ne cedoit à perſonne en reſpect. Il adjouſta, *Que l'Archeueſque vouloit fouler aux*
pieds l'authorité du Roy, & que le Parlement n'e-
ſtoit pas ſi foible que de le ſouffrir. Que l'aſſemblée
eſtoit politique, & qu'il ne pouuoit ignorer ſa qua-
lité. L'Archeueſque reſpondit, *qu'il la cognoiſ-*
ſoit & l'honoroit. Monſieur le Preſident de Caminade qui auoit auſſi porté ſa chaire deuant
les genoux de Móſieur l'Eueſque de Mirepoix,
dit, *Vous le teſmoignez mal, vous tenés de mau-*
uais principes, & nous vous le monſtrerons bien:
accómpagnant ces paroles d'vn geſte de mena-
ce auec la main; l'Archeueſque qui voyoit que
le peuple ſ'émouuoit de ceſte action, craignant
vn plus grand deſordre, n'en teſmoigna aucun
reſſentiment. Apres ce tumulte les diſputes có-
mencerent, & Monſieur le premier Preſident
pour faire le moderateur, dit à vn diſputant ces
mots de latin: *Extolle vocem non te exaudit,* &

les Prelats se retirerent, dresserent procés verbal du tout, & le lendemain le bruit de cette action estát grand, tous les Euesques qui estoiét à Tholose en nombre de dix, s'assemblerent, & resolurent d'en faire plainte au Roy, luy enuoyer le procés verbal, & en demander quelque satisfaction pour l'Eglise & pour le public.

Toutes les circonstances de cette injure, la rendent atroce; elle a esté premeditée, & attentée par les brebis contre leur Pasteur, par les enfans contre leur pere, vn jour de feste, dans vne Eglise, au deuant du maistre autel, où vn criminel seroit en seureté, les Estats generaux de la prouince, & vn Chapitre general de Religieux, assemblez de tous les endroits du monde, sont témoins de cette action, qui publieront par toute la Chrestiété, comme ils ont veu baffoüer les Prelats, dans vne ville des plus Catholiques de France, & ce de l'authorité du Roy, comme si les préeminences de l'Eglise, estoient contraires à son seruice, & suspectes à l'Estat; Qui est vne pensée plus esloignée des sentimens de nos Rois, que de tous les Princes du monde: car ce sont eux-mesmes qui ont augmenté de tout leur pouuoir ses honneurs, & y ont employé leurs plus belles actions, par lesquelles ils ont acquis les tiltres de tres-Chrestiens, & de fils aisnez de l'Eglise.

Plufieurs des Religieux eftrangers, qui fe trouuerent fcandalifez de cette procedure, en témoignerent leurs fentimens, qui ne feront pas rapportez icy, pour l'honneur de ces Meffieurs; il fuffira de dire, que celuy qui en parla auec plus de retenuë, fut vn Efpagnol, qui eftát en chaire, quelques iours aprés, dit que les Euefques deuoient auoir les premieres feances en l'Eglife de Dieu.

Le fcandale euft efté encores plus grand, fi l'Archeuefque n'euft deffendu aux difputans de falüer perfonne, aimant mieux fe priuer pour cette fois de l'honneur deu à fa dignité, que de voir vn tel iour, dans vn lieu facré, en fi celebre affemblée, Monfieur l'Aduocat general plaider, comme dans vn barreau; & encore plaider contre l'Eglife. *In Capitolio fulminantem peierare Iouem.* Et deuant ces Meffieurs, qui eftoient fans chapperons, fans Greffier, fans Huiffiers, & qui n'auoient aucune marque de leur authorité, laquelle auffi eftoit fufpenduë à caufe du lieu. Et d'ailleurs, la Cour n'y eftoit pas en corps, & ceux qui y eftoient, n'auoient point de commiffion ; Que fi elle eftoit en corps, le fecond Prefident n'auoit pas pouuoir de parler en prefence du premier : car vn corps n'a qu'vn chef, & qu'vne bouche ; & pour mefme raifon l'Archeuefque eftant aprés ledit fieur premier Preſident aux diſputes, n'auroit pas le pouuoir d'y parler, qu'on demeure d'accord qu'il a.

Si la Cour eſtoit en corps, le ſecond Preſidét n'auoit pas plus de pouuoir de preceder les Prelats en ce lieu là, que dans le Palais, où tous les Eueſques le precedent. Si la Cour eſtoit en corps, ledit ſieur premier Preſident ne pouuoit pas reſoudre vne entrepriſe de telle conſequence ſur l'aduis de cinq ou ſix, il falloit prendre les opinions de tous ceux du corps qui y eſtoiét, *Singulos debere conſuli gradatim*, diſoit Varron en ſon commentaire *de officio Senatus habendi*. Et ſi la Cour eſtoit en corps ce iour là, aux diſputes, elle y eſtoit auſſi le iour precedent, pendant que Monſieur le premier Preſident, auec pluſieurs Conſeillers, & gens du Roy eſtoient en corps de Cour, à l'aſſemblée de l'hoſpital, comme ils le ſouſtiennent ; par ce moyen il ſe trouueroit qu'en meſme temps le corps de la Cour eſtoit en deux lieux differents. Mais pour ce que cela ſeroit fort extraordinaire, il eſt plus à propos de croire que la Cour n'eſt en corps, que lors qu'elle eſt aſſemblée dans le Palais, ou qu'aprés deliberation priſe, elle en part pour aller en quelque action, en laquelle elle doit ſe trouuer en corps, & que les Huiſſiers marchans deuant Meſſieurs les Preſidents, Conſeillers, & gens du Roy, vont auec leurs robbes & chapperons,

perons, ce qu'on appelle aller en figure.

Que si on veut qu'vn nombre de Presidents ou Conseillers fasse ou represente le corps de la Cour ; pourquoy vn Archeuesque & trois ou quatre Euesques , ou mesmes vn Euesque auec deux autres Ecclesiastiques, ne feront-ils pas vn corps d'Eglise , puis que Dieu a dit que là où il y en aura deux ou trois assemblez en son nom il sera au milieu d'eux, & que trois representent l'Eglise ; Et le Roy n'a jamais donné pouuoir à vn si petit nombre de Presidents , ou de Conseillers, d'administrer sa Iustice souueraine , ou vser de son authorité. Que si on pretendoit que le corps de la Cour eust la preseance sur le corps de l'Eglise, l'entreprise seroit trop grande ; il y a plus d'apparence qu'on entendit de contester de particulier à particulier , veu mesme que le Parlement n'estoit pas en corps. Et cela estant, on n'auoit pas pouuoir de rien ordonner, & moins encores d'executer aucune deliberation, comme on fit ; le lieu aussi ne le permettoit pas. Si vn Iuge auoit jugé hors de son siege, la sentence seroit nulle : Mais dans l'Eglise, outre la nullité, il y a le mépris de Dieu, qui a voulu que sa maison fust vne maison d'oraison, dans laquelle les actions d'ailleurs necessaires ou indifferentes luy sont desagreables , comme de manger , ou vendre les choses propres pour les

Paul. 1. Cor. 11. Ecclesiā Dei contemnitis.

T

sacrifices : & encores plus d'vn lieu de saincteté, en faire vn lieu de tumulte & de violence. Le Concile general de Lyon, au Canon qui commence, *Decet domum Dei sanctitudo*, & les autres Conciles cy deuant cottez, qui portent excommunication contre telles actions, peuuent faire cognoistre l'enormité de cette entreprise à ceux, qui sont interieurement persuadez, du respect qu'ils doiuent à Dieu & à son Eglise; Que si l'Archeuesque n'a pas vsé de son authorité, pour éuiter vn plus grand scandale, il a laissé croistre l'yuroye dans son champ jusques à la moisson, de peur d'arracher le bon bled, auec la mauuaise plante : Car, quelle deference pouuoit-il esperer aux censures de l'Eglise ? par des personnes qui estoient si irritées ; pour le voir en vne place separée des leurs, & non après elles, suiuant leur desir, qu'elles le menacerent & le diffamerent, comme perturbateur du seruice du Roy.

D'autant que pour deffendre cette voye de fait, par les questions de droit, on soustient que l'assemblée estoit politique, que Messieurs du parlement en estoient juges, & non pas l'Archeuesque ; Qu'ils doiuent estre salüez les premiers, & auoir la preseance. Il est à propos de faire voir le contraire.

Les actions qui se font à Tholose sont

pas d'autre nature que les mefmes quand elles
font faites ailleurs : On a veu à Paris des difputes en vn Chapitre general des Iacobins, l'on y
voit fouuent des actes en toutes les facultez,
fans que jamais aucun de Meffieurs du Parlement ait pretendu d'y affifter , comme à des affemblées politiques : Car qu'y a-t'il d'Ecclefiaftique fi les difputes de la plus profonde Theologie, traictées par des Ecclefiaftiques, dans vne
Eglife, vn jour de fefte , paffent pour actions
politiques ; Que fi quelquesfois on y a traicté
des queftions fufpectes à l'Eftat, & que le Parlement y ait interpofé fon authorité , il en a ordonné dans le Palais, fur les plaintes des Procureurs generaux, & non dans les Efcholes, comme conferuateur des loix de l'Eftat, & non comme Iuge de la doctrine, ou des difputes.

Et pour monftrer que les Prelats (qui eftoiét
en ces difputes en nombre fuffifant pour faire
vn Concile) font juges des queftions de doctrine, & particulierement de la Theologie, &
non pas Meffieurs du Parlement ; Il n'eft pas
befoin de traitter la queftion , fi les perfonnes
laïques peuuent juger des matieres de la foy:
Car faifans tous profeffion de la Religion Catholique, Apoftolique, & Romaine, ce feroit
leur faire tort de leur prouuer vne verité, qu'aucun Catholique ne nie, quoy qu'il ait échappé

Belarm. lib. 3. de Verb.
Dei interpret. & lib. 1.
de Clericis.

à leur Aduocat d'efcrire , *Que les Docteurs Re-gents en Medecine, en Droict, ou aux Arts, ont mefme faculté que les Prelats, pour juger de la ve-rité des affertions en Theologie* ; qui eft vne pro-pofition condamnée par l'Eglife: Mais pour ce qu'il a plus de befoin en cela d'eftre inftruit, que conuaincu , il fuffira de luy dire que Meffieurs du Parlement font d'autre creance ; car par la profeffion de foy qu'ils font tous , quand ils font receus en leurs charges ; Ils recognoiffent que, *Si aucune chofe des fainctes Efcritures vient en controuerfe, ou doute, à l'Eglife appartient d'en définir ou déterminer.* Or en ces déterminations, perfonne n'a voix deliberatiue que les Euef-ques, Ils en font donc juges feuls ; Auffi fainct Bernard dit , que *c'eft du miniftere des Euefques de juger des dogmes*; Les Papes l'enfeignent ain-fi, & tous les Catholiques le croyent.

Les queftions qui fe traittoient en ces difpu-tes, pouuoient fournir des occafions à l'Arche-uefque d'interpofer fon authorité: Car vn Re-ligieux Efpagnol auoit propofé de fouftenir tout ce qu'a ▄▄ efcrit fainct Thomas, & par confequent fon opinion touchant la Concep-tion de la Vierge; Et vn François auoit propo-fé la matiere *de auxilijs gratiæ*, qui font deux difputes fur lefquelles il y a de grands ordres de Religieux, & quantité de Docteurs feculiers,

qui

Epifcoporum minifterij eft de dogmatibus iudi-care. Bern. ep. 189. Symmachus Papa, ad Cafarium Arelatéfem. Vigilius Papa ad Au-xanium Arelatenfem. Gregorius magnus ad Epifc. Galliæ.

qui fouftienent des opinions differentès, auec beaucoup de ferueur, en forte que pour empefcher le fchifme qui pourroit naiftre, fi les vns condamnoient les opinions des autres; les Papes ont mis des limites, lefquelles il n'eft pas loifible de paffer en ces matieres : & particulierement ils ont deffendu aux vns de condemner, ou qualifier, les affertions des autres.

Sixtus 4. cuius Bullam renouat Concilium Tridentinum. Pius 5. an. 1570. in Bulla fuper fpeculam.

Que fi dans la chaleur des difputes, on euft paffé les bornes d'vn cofté ou d'autre, qui eft-ce qui euft peu impofer filence, & arrefter la contention? ce n'euft pas efté Meffieurs du Parlement, qui ne s'eftudient pas d'ordinaire à ces matieres : mais c'euft efté l'Archeuefque, auquel la Bulle du Pape Paul cinquiefme attribue le pouuoir & auctorité de proceder contre tous ceux qui y contreuiendront, exempts & non exempts; ce qu'il ne pourroit pas faire eftant placé aprés aucun de Meffieurs de la Cour, reprefentans le Parlement; car lors il ne peut parler que par la bouche de celuy qui le prefide, & n'a auctorité que celle qui eft commune à tout le corps : partant pour vfer de l'auctorité qu'il a, tant à caufe de fon caractere, que comme delegué du S. Siege, il eft obligé de ne fe pas ranger aprés aucun de Meffieurs de la Cour.

In Bulla Regis pacifici ad ita anno 1616.

Pour l'ordre des falutations, le premier iour des difputes, les profeffeurs de l'Vniuerfité, qui ſçauent leurs ancienes couſtumes, ſaluerent les Prelats, auant qu'aucun de Meſſieurs de la Cour. Monſieur le premier Preſident qui n'y eſtoit pas, l'ayant ſceu, s'en offença, & manda quelques vns des principaux de l'Vniuerſité, en ſon logis, qui luy dirent, que c'eſtoit l'ancien ordre, & offrirent de monſtrer des prefaces, faites par leurs predeceſſeurs, eſquelles feu Monſieur le Cardinal de Ioyeuſe, lors Archeueſque, eſtoit ſalué ſeul, en preſence de Meſſieurs du Parlement ; Voulant d'auantage s'eſclaircir ſur ceſt ordre, Monſieur de la Terraſſe Conſeiller, luy dit, que feu Monſieur le Cardinal de Ioyeuſe, s'eſtant trouue à ſes diſputes, lors qu'il paſſa Docteur, il le ſalua, ſuiuant la ſeance qu'il auoit, deuant Meſſieurs du Parlement ; qui ne luy defferoient pas en cela comme Cardinal, car leurs regiſtres portent, que la Cour, l'accueilloit *comme Archeueſque* : mais ſuiuant l'ordre de l'Egliſe, lequel quand on voudra changer, il faudra reformer tous les Proſnes, & meſmes le Canon de la Meſſe, où l'on recommande l'Eueſque deuant que le Roy.

Arreſt du Parlement du 3. Iannier 1590.

Aux Sermons les Predicateurs ſont obligez de ſaluer les Archeueſques & Eueſques, deſquels ils reçoiuent la benediction, & bien ſouuent la miſſion ; & la bien-ſeance veut qu'ils leur facent quelque apoſtrophe, & diſent quelque

chose, tant pour fomenter la creance que le peuple doit auoir en eux, que pour monstrer qu'ils
sont les Docteurs de l'Eglise, desquels la chaire *Euseb. Emiss interpre-*
est marque d'auctorité, de iurisdiction & de do- *tans, Ea verba Matth.*
ctrine; ainsi nous voyons dans vne diction du *23.super Cathedram*
Retheur, *Ennodius*, faite pour l'Euesque de *Mosis.*
Nouarre, qu'il recommande l'Archeuesque de
Milan, qui s'estoit trouué present. Sainct Gregoire de Nazianze à rendu ce respect à S. Basile
Euesque, toutes & quantesfois qu'il s'est trouué en ses Sermons, comme nous le voyons en
trois ou quatre de ses oraisons. *Sidonius* Euesque de Clermont, vsa de ceste mesme ciuilité
en vn Sermon qu'il fit à Bourges, sur l'eslection
de l'Archeuesque *Simplicius.* S. Chrisostome, S. *Concil. Ephes. part. 3. c*
Augustin, Pierre Chrisologue, & quasi tous les *32. & 33. vbi referuntur*
grands Predicateurs de l'Eglise, ont rendu cest *dua homilia vna Pauli*
honneur aux Euesques, lequel on n'a iamais *Emiss. altera Cyrilli.*
deferé aux Presidents.

Les Docteurs & les Escoliers sont obligez *Constit. Apostol. lib. 2.*
de rendre ce mesme honneur aux Euesques qui *c. 26 ὁ ἐπίσκοπος γνώ-*
se treuuent à leurs disputes, & de les saluer cóme *σεως φύλαξ, &c.*
ceux qui tiennent les chaires de doctrine, qui
sont les chefs des Vniuersitez, directeurs des
estudes, qui donnent le bonnet & les degrés,
comme il sera monstré cy aprés; c'est pourquoy
on ne doit pas enuier à l'Archeuesque, d'estre sa-
lué le premier, puisque cet honneur est deu à

sa chaire, lequel n'est rendu à Messieurs du Parlement, que par ciuilité, & que l'ordre des salutations, suit l'ordre des seances, ausquelles l'Archeuesque & tous les Prelats qui se trouuent auec luy, doiuent preceder Monsieur le premier President & autres du Parlement par tout, hors les assemblées, esquelles ils n'ont entrée qu'en qualité de Conseillers, comme il sera desormais preuué.

Les Archeuesques & Euesques sont appellés *Prelats*, & en Latin, *Antistites*, qui sont noms de preseance: & la qualité qu'ils portent de mediateurs entre Dieu & les hommes, leur doit dóner quelque préeminence pardessus les hommes, desquels Dieu les distingue & separe. Les Payens rendoient à leurs Pontifes la mesme veneration qu'aux Dieux qu'ils adoroient ; & les Empereurs ne pensoient pas pouuoir estre suffisamment honorez du peuple, s'ils ne joignoient la tyare, à leur diadesme, & le sacerdoce, à l'Empire ; Les Chrestiens dans la recognoissance du vray Dieu, ont plutost augmenté que diminué, l'honneur deu à ses ministres. Et la France qui a surpassé toutes les autres nations en pieté, a aussi deferé dauantage aux Ecclesiastiques ; c'est pourquoy ceste question y reçoit moins de difficulté, qu'en tout autre pays du móde, où elle n'est pas mise en controuerse;

car

Isid. Pel. li. 3. ep. 20.
τῆς θείας ἡ τῆς ἀνθρωπίνης φύσεως ἡ ἱερωσύνη ὥσπερ μέση καθέστηκεν.
Matth. 16.
Artemidor. ἱερεῖς τῆς αὐτῆς, τοῖς θεοῖς παρὰ ἀνθρώποις τετυχήκασι τιμῆς, εἶτα βασιλεῖς.

car ſi on regarde l'Ordre, le Clergé conſtitue le premier en ceſt eſtat, comme faiſoient les Druïdes deuant que la lumiere de la foy euſt eſclairé nos anciens Gaulois; ſi on regarde la dignité, les Interpretes du droict les preferent aux Preſidents des Prouinces, qui eſtoient chefs de la Iuſtice & des armes tout enſemble, & diſent qu'ils ſont preferez à toutes les dignitez de leur Dioceſe, pource que la leur eſt la plus excellente & le ſommet de toutes les autres. Celle des Preſidents eſt tres-grande, mais celle des Eueſques l'eſt encores dauātage. Vn bon Docteur à creu que Dauid auoit monſtré leur preeminence, quand parlant de ceux qui annoncent la paix au peuple, comme font les Eueſques en leurs ſacrifices, & de ceux qui rendent la Iuſtice, qui eſt la function des Magiſtrats; il compare ceux-cy, à des colines, & ceux-là, à des Montagnes, *Suſcipiant montes pacem populo & colles iuſtitiam.* Les premiers Preſidents prennent le tiltre de Cheualiers, & les Eueſques precedent tous les Cheualiers, meſmes ceux des ordres du Roy; Si on regarde les functions, comme les Eueſques, Cardinaux, & Princes du ſang, cedent aux Preſidents, dás le Parlement, & en la principale function de leur charge: les Preſidents ne doiuent pas faire difficulté de ceder aux Eccleſiaſtiques dans la leur; veu que c'eſt la plus noble qui

S.Chriſoſt.lib.3.du Sacerdoce, monſtre combien la dignité des Prelats, eſt au deſſus, de celle des Iuges.
Synodi 6. in Trullo can. 7. τῶν κτ' τὸν κόσμον ἀξιωμάτων, κρείττονα τὰ πνευμάτικα ἐπιστάμεθα.
Gregor. Magn. ad Syagriū. Auguſtod. Pſal. 71.

Synodus 8. generalis Conſtantinop. can. 14. ſub Hadriano. 2.

s'exerce ſur la terre.

Il ne ſe trouue pas que iamais les Preſidents ou Officiers de nos Roys, ayent eu ou pretendu la preſeance pardeſſus les Prelats. Du Tillet qui eſtoit greffier du premier Parlement de France, à faict vn recueil des rangs des Eccleſiaſtiques, où il rapporte vne nuée de preuues de leurs prerogatiues, ſoubs les trois races de nos Roys: auſquelles on peut adjouſter ; que tant s'en faut que leurs officiers ayent iamais peu preceder les Eueſques, que par le premier Canon du Concile de Troye, auquel, auec le Pape Iean huictieſme, aſſiſta le Roy Louys le begue, il leur eſt defendu de s'aſſeoir en leur preſence, s'il ne leur eſt ordonné, *vt epiſcopi, cum omni reuerentia, à cunctis mundi poteſtatibus debitè honorentur, atque coram eis ſedere nulla tenus audeant, niſi illis præcipientibus.* Conſtantin le grand, auoit vſé de

ceſte ciuilité, au Concile de Nicée, où il ne voulut pas s'aſſeoir qu'en vn ſiege plus bas que celuy des Eueſques, & aprés y auoir eſté inuité par eux.

Nous voyons dans les capitulaires de nos Roys, que par tout où ils parlent des eueſques & des Comtes, & autres leurs officiers, meſmes des Gouuerneurs & Grands du Royaume, ils nomment touſiours les eueſques premiers, & aprés eux les Comtes & autres grands officiers,

Et en vn priuilege accordé par Henry Roy
d'Angleterre aux Rochelois, nous lifons cette
foufcription, *Vvill. Coenomanenfi , Stephano
Rhedonenfi*, (il faut ainfi lire, non pas *Senefcal-
lo Londonenfi*) *Epifcopis, Richardo filio Regis &c.*
On veoit que les Euefques fignoient deuant
que le fils du Roy. Le Roy Charles VI. eftant
à Tholofe, & donnant à difner au Comte de
Foix, *Froiffart*, qui eftoit prefent à ce feftin, re- *Vol. 4. c. 8.*
marque *qu'à table fut au premier chef l'Arche-
uefque de Tholofe ; puis le Roy , puis fon oncle
le Duc de Bourbon , puis le Comte de Foix, &c.*
Que fi l'Archeuefque & les Euefques font nó-
mez ou affis deuant les Roys où leurs fils, en
des actions politiques ou feculieres, à plus forte raifon ils doiuent auoir la prefeance pardeffus les Prefidents , aux actions Ecclefiaftiques,
& qui font de leur foin paftoral, comme font
les proceffions, difputes, affemblées d'hofpitaux, & autres.

Et bien que le Conneftable & le Chancelier ayent commencé fous la troifiefme race de
nos Roys, d'eftre nommés au reply des lettres
patentes deuant les Prelats, qui auparauant a-
uoient toufiours precedé, comme remarque du
Tillet, cela ne porte point de confequence pour
les actions Ecclefiaftiques : car feu Monfieur le
Chancelier de Syllery, & feu Monfieur le pre-

mier Prefident de Verdun, affiftans au Conuent des Peres Iacobins au fauxbourg fainct Honoré, lors que F. Dominique du Nant y receut l'habit, qui fut le Dimanche neufiefme jour du mois de May mil fix cens vingt-vn, ils y prindrent feance apres Monfieur l'Euefque d'Auxerre, lors Euefque de Cóminge. Et ledit fieur Chancelier de Syllery f'eftant trouué aux obfeques de feu Monfieur du Vair Garde des feaux de France, qui furent faites en l'Eglife des Bernardins, au mois d'Aouft de l'année mil fix cens vingt-vn ; Il ne fit pas difficulté de ceder l'honneur de conduire le deuil, & celuy de la prefeance, dans l'Eglife, à Monfieur l'Euefque de Perigueux, & audit fieur Euefque d'Auxerre : recognoiffans que c'eftoit des actions & affemblées Ecclefiaftiques ; On ne peut pas foupçonner ces perfonnages, d'auoir ignoré leur rang, ou abandonné leur dignité.

Cet aduantage qu'ont eu les Conneftables, & les Chanceliers foubs la troifiefme race de nos Rois, ne peut auffi eftre tiré en confequence, pour ceux qui leur font inferieurs entre les grands Officiers; & beaucoup moins pour ceux qui ne font pas grands Officiers, & qui n'ont point de rang parmy eux : Car ce qu'efcrit le mefme du Tillet, au Chapitre des Gouuerneurs & Lieutenants generaux, eft grandement confiderafiderable ; *En ce Royaume,* dit-il, *ne font comptés rangs, que des Princes, Cardinaux, Ducs, Prelats, grands Officiers, Gouuerneurs de Prouince, M arquis, & Comtes* ; Il ne parle pas des Prefidents, ny des Cheualiers, qui eft le tiltre qu'ils prennét par où l'on voit qu'ils n'ôt point de rág hors de leur fiege & tribunal. Auffi le mefme autheur refout abfolument, que *les Cheualiers* (qui font au plus bas degré de la haute Nobleffe) *n'ont point de rang eftably.* Ce qu'vn bon Iurifconfulte, fauorable à fa robbe, qui a efcrit depuis peu, recognoift ; & l'explique des rangs qui font parmy les grands, entre lefquels, les Prelats tiennent des premiers. Si bien qu'il y a plufieurs ordres entre le rang des Euefques, & celuy des Prefidents.

 Perfonne n'ignore le rang que tiennent les Prelats, aux affemblées des Eftats & des notables, ne celuy qu'y ont les Prefidents, & eux mefmes en tous les Parlements, fçauent tresbien le rang qu'ils doiuent auoir, & le gardent fans contention, fi ce n'eft à Tholofe, où depuis prés de fix vingts ans, l'on n'a point veu d'Archeuefque qui ne fut Cardinal, & l'employ qu'ils ont eu dans les affaires publiques, ne leur à guiere permis de refider, fi bien que la memoire des deferences qui leur ont efté renduës, femble eftre perduë, & on veut que ce dont les

Y

preuues reſtent , ſoit attribué aux éminen-
tes qualitez qui eſtoient en eux, quoy que les Arreſts de la Cour , qui en font mention, portent , que ces deferences leur ſont renduës,
comme Archeueſques , & que la dignité ne re-
çoiué aucun dechet ou augmentation, par la
difference des merites & qualitez des perſonnes. Vn ancien Eueſque diſoit d'vn illuſtre pre-
deceſſeur, & de ſes ſucceſſeurs inégaux. *Quod
illi conceſſum eſt pro actuum luce ad illos pertinet,
quos par conſecrationis ſplendor illuminat, & ſi
deſunt bona acquiſita per meritum, ſufficiunt quæ
à loci prædeceſſore præſtantur.* Aux honneurs ex-
terieurs, on ne regarde pas le merite des perſonnes : mais leur office, & leur caractere.

Que ſi toute la haute Nobleſſe, & meſme les
Prelats, cedoient à Meſſieurs les Preſidents de
Tholoſe, cela ne leur donneroit point d'aduantage contre leur Archeueſque, dans ſon Dioceſe. Car il ne va en aucune aſſemblée, qu'auec le
Rochet & le Camail, ou auec la Chappe pontificale, ſa Croix eſtant portée deuant luy : ſ'il
ſe rencontre auec vn Preſident, il faut que le
Preſident marche deuant la Croix, ou entre la
Croix & l'Archeueſque, ou aprés ; ſ'il marchoit
deuant la Croix, il tourneroit le dos au Crucifix ; ſi entre la Croix & l'Archeueſque, on por-
teroit la Croix deuant vn Preſident, l'vn & l'au-

tre feroit indecent ; Il faut donc qu'il marche
aprés l'Archeuefque.

On dit qu'vn Duc de Venife, voyant que
fon pere, qui eftoit Senateur, ne luy vouloit pas
ceder, fe refolut de porter toufiours auec foy vn
Crucifix ; auquel le pere ne fit pas difficulté de
rendre l'honneur, qu'il n'auoit pas voulu deferer à fon fils. Si ceux qui ne peuuent fe refoudre
de ceder à la dignité de l'Archeuefque, cedoient
au moins à la Croix, qui eft portée deuant luy,
ils contenteroient leur opinion , & le public
tout enfemble.

Meffieurs du Parlement ne font pas difficulté, de fe foufmetre en tous lieux, pour receuoir les benedictions de leur pafteur ; & nos liures fot pleins de rapports, des graces que Dieu
a departy aux perfonnes deuotes , par fembla-
bles foufmiffions, lefquelles portent vne re-
cognoiffance de fuperiorité ; puis que, comme
dit fainct Paul, *Sine vlla contradictione, minor* Ad Hebr. 7.
à meliore benedicitur.

Le Roy mefme ne reçoit l'encenfement Sozom. Τῆς ἱερωσύνης
qu'aprés l'Euefque, dans fon Eglife ; & vn Pa- ὁμοτίμου τῇ βασιλείᾳ οὔ-
triarche, ou vn Primat, cede à vn Euefque dans σης, μᾶλλον μὲν οὖν ἐν
fon Diocefe. Auffi du Tillet remarque, qu'en- τοῖς ἱεροῖς, ἢ τὰ πρῶτα
core que les Gouuerneurs des prouinces, pren- ἐχούσης.
nent feance au Parlement deuant les Euefques, Paris Craffus de Cere-
moniis, Cardin. & Epi-
fcoporum c. 4.
neantmoins celuy de Paris ne voulut pas ceder

à l'Admiral de Chaſtillon Gouuerneur de Paris, diſant, qu'il eſtoit en ſon Dioceſe ; & que
comme Eueſque de Paris, il eſtoit Cóſeiller nay
au Parlement, ce que n'eſtoit le Gouuerneur.

Meſſieurs les Preſidents de la Cour, qui
eſtoient le premier iour des diſputes, aux Iacobins, ſçauoient bien leur rang, & ne trouuerent pas mauuais, que l'Archeueſque fut ſalüé
le premier, par les Docteurs; & qu'il fuſt en ordre de ſeance ſeparé d'eux, ſçachans bien qu'il
les deuoit preceder; & Monſieur le Prince leur
donna vn bon enſeignement ſur ce ſujet, qui
dit ; Qu'encore qu'il ne leur cedaſt en aucun
endroit, hors le principal exercice de leur charge, qu'il donnoit la preſeance à tous les Eueſques de France dans leur Dioceſe, eſtans en l'habit de leur dignité ; & qu'il donneroit la preſeance à l'Archeueſque aux diſputes, & actions
de l'Vniuerſité ; & la voulut donner au General des Iacobins, pour faire cognoiſtre à vn chacun, combien ſes ſentiments eſtoient differents
de ceux de Monſieur le premier Preſident.

Il ſçait que les Rois, les Princes, & les Parlements, ſont d'autant plus honorez, qu'ils defe-
rent aux officiers de celuy qui donne l'authorité aux Rois, & imprime les ſentiments d'obeïſ-
ſance, & de ſubjection, dans les cœurs de leurs ſu-
jets.

Le

Ἐπίσκοπος προκαθεζέ-σθω ὑμῶν, ὡς Θεοῦ ἀξίᾳ τετιμημένος. Conſtit. A-poſt. lib. 2. c. 26.

Le lieu de pere, & de pasteur, que l'Archeuesque tient (quoy qu'indigne) dans son Diocese, à ceux qui par vne grace particuliere de
Dieu, sont enfans, & brebis de l'Eglise : & la
presence de la diuinité, qu'il porte auec soy,
comme dit sainct Gregoire le grand, fait qu'aucune personne laïque, de quelque qualité qu'-
elle puisse estre, ne sera iamais moins estimée
pour deferer à sa dignité ; & la qualité que Dieu
luy donne, de son Ambassadeur, ne permet pas
qu'il quitte son rang, & rauale l'honneur du
Maistre qu'il represente, auquel se rapportent
les respects qui sont rendus à son caractere. Alexandre le grand, quoy qu'il fust payen, rendit
vne espece d'adoration au Pontife des Iuifs, &
dit à ceux qui s'en étonnoient, qu'il auoit adoré
en la personne du Pontife, le Dieu duquel il
estoit Sacrificateur : Car il ne faut point douter
que ces honneurs, qui sont rendus aux Ecclesiastiques, ne seruent à cóseruer dans les esprits
des hommes, la veneration qui est deuë à la religion, comme leur mépris à tousiours esté suiuy des heresies, & des impietez. Aussi Dieu
prend sur soy les rebuts, & les injures qu'ils reçoiuent, les compare à l'idolatrie, & les punit
souuent auec les mesmes fleaux de son cour-
roux & de son indignation. Ce que les anciens
poëtes ont recogneu, quand ils ont rapporté la

Z

S. Aug. in Pf. 44.
Côstt. Apostol. li. 2. c. 26.

In Ezechielem.

Paul. 2. ad Corint. pro
Christo legatione fun-
gimur.
Isido. Peluf. lib. 1. ep. 136.
ὁ ἐπίσκοπος εἰς τύπον ὢν
τῦ χειςῦ, τὸ ἔργον ἐκείνε
πληροῖ, ετc.
Ambrof. ad ep. 1. ad Co-
rint. c. 2. can. mulier 33.
q. 5 can. Slt. 17. diff. Episcopos, in qualibet re,
sua attendere loca de-
cernimus, & suorum
sibi prerogatiuam ordi-
num vindicare.

Ioseph. antiq. Iud. lib. 11.

S. Cyprian. l 4. ep. 9, Inde
schismata & hareses
oborta sunt & oriuntur
dū Episcopus qui vnus
est & Ecclesia praeft
superba quorunda pra-
sumptione contemni-
tur, &c.

Leuit. 26. Ofee. 4. Eze-
chiel. 5.

Hom.
ὁ λέκοντο δὲ λαοὶ. ἕνεκα
τὸν χρυσῖω ἠτίμησ᾽ ἀ-
ρητῆρα.

cauſe de la grande maladie qui rauagea le camp des Grecs , au mauuais traitement qu'vn pre-ſtre auoit receu, des officiers de leur armée.

On n'a iamais veu qu'aucun premier ou au-tre Preſident du Parlement de Paris , qui eſt ce-luy des Pairs, & le premier de France , ait pre-cedé aucun Eueſque, ſoit aux diſputes de l'V-niuerſité , aux ſeances dans les Egliſes, ou en l'ordre des proceſſions , bapteſmes, ou enterre-ments, ſoit en aucune aſſemblée publique, ou particuliere , hors les fonctions de ſa charge, bien eſloignez d'entreprendre de faire quitter vne place priſe, à Monſieur l'Archeueſque de Paris leur paſteur; d'vn nombre infiny d'exem-ples de telles deferences, qui ſe pourroient rap-porter, il y en a deux, deſquels la memoire eſt fraiſche, & la notice publique.

Le premier arriua en l'année mil ſix cens dix-neuf, au College de Clermont, où Monſieur le Cardinal de Sauoye ſ'eſtant trouué à des diſ-putes de Theologie , & Monſieur l'Eueſque d'Orleás, & pluſieurs Eueſques auec luy, Mon-ſieur l'Eſcalopier Preſident en la Cour,& quel-ques Maiſtres des Requeſtes, eſtans arriuez les premiers, auoient occupé les premieres chaires: Mais Monſieur l'Eueſque de Langres eſtant ſuruenu, fit quelque demonſtration auec d'au-tres Eueſques, de ce qu'il ne trouuoit pas libre la place deuë à sa dignité. Dequoy Monsieur le Président l'Escalopier s'estant apperceu, leur quitta la place fort courtoisement, & en prit vne autre.

Le second, est du iour des Rois de l'année mil six cens vingt cinq, qui arriua aux disputes de Monsieur de Verneuil Euesque de Mets, lesquelles furent honorées de la presence du Roy. & Messieurs les Cardinaux de la Rochefoucault, & de Richelieu y furent assis prés de sa Majesté, & aprés eux les Archeuesques & Euesques, qui y estoient en bon nombre; Messieurs du Conseil & du Parlement, & entre autres, Monsieur de Verdun premier Président, furent placez derriere les Prelats, en vn autre banc, sans qu'il y eust aucune contestation. On pourroit rapporter vn nombre infiny de semblables rencontres, arriuées aux escholes de Sorbonne, en toutes lesquelles, les Présidents & Conseillers du Parlement, en quelque nombre qu'ils ayent esté, ont tousiours deferé aux Euesques la preseance: Mais ce seroit employer des preuues superfluës en vne chose certaine & notoire. Feu Monsieur de Harlay, premier Président au Parlement de Paris, a aussi bien sceu qu'aucun autre la grandeur de sa charge, & en a conserué les prerogatiues auec beaucoup de vigueur; il a neantmoins cedé, non seulement aux Eues-

ques , mais encor aux Abbez. Car s'estant
trouué aux honneurs funebres de feu Dame
Louise Bodet, veufue de feu Messire Pierre Se-
guier, President au Parlement, qui fut enterrée
dans l'Eglise de sainct André des Arcs, en l'année mil cinq cens quatre vingts quatorze, plusieurs Euesques s'estans trouuez au conuoy, ils
conduisirent les premiers deuils , & aprés eux
Monsieur l'Abbé de saincte Geneuiefue, &
Monsieur le premier President de Harlay, &
estant suruenu encor vn Euesque , ledit sieur
premier President ne voulut iamais prendre le
rang qui luy estoit offert, deuát Monsieur l'Abbé de saincte Geneuiefue, qui n'estoit pas Euesque: pour ce qu'il sçauoit, que comme les officiers d'vn Prince cedent à ceux du Roy, aussi
ceux du Roy ne se font iamais tort de deferer
aux officiers du Dieu que le Roy mesme adore.

Que si l'Archeuesque de Tholose (comme
tous les Euesques de France) precede dans Paris les Presidens de la Cour, sur lesquels il n'a
auctorité ne iurisdiction quelconque , & lesquels precedent ceux de Tholose, à plus forte
raison, il doit preceder les Presidents de Tholose, qui sont ses Diocesains, & sur lesquels il a
iurisdiction spirituelle: veu mesmes que le feu
Roy Henry le Grand, de glorieuse memoire,
par son Edit de l'an mil six cent six, verifié au
Par-

Parlement, a ordonné que les Archeuefques,&
Euefques feront honorez & refpectez , comme
ils ont efté d'ancieneté; & que les rangs, & re-
fpects, feront gardez en tout le Royaume,com-
me ils font à Paris, & le mefme eft confirmé par
l'Edict du Roy, de l'année mil fix cens dix , qui
eft auffi verifié.

Feu Monfieur le Cardinal de Ioyeufe, Archeuefque de Tolofe , y a toufiours precedé
Meffieurs les Prefidents du Parlement,non feulement aux Eglifes,ou aux difputes de Theologie , ou en celles de droict ciuil, qui fe font dans
les efcoles publiques , pour prendre les degrez,
(comme il a efté cy deuant remarqué,des difputes de Monfieur de la Terraffe Confeiller au
Parlement) : mais encor aux difputes de droict
qui fe faifoient pour les chaires vacantes, auf-
quelles Meffieurs du Parlement pretendent d'a-
uoir plus d'auctorité qu'aux autres actions de
l'Vniuerfité : la preuue de cette verité fera prife
du fieur de la Rocheflauin, qui eftoit Prefident
aux requeftes du Palais à Tholofe,& par confequent du corps du Parlement ; on doit luy ad-
joufter foy,en ce qu'il rapporte d'auoir veu, cótre les prerogatiues de fon ordre , lefquelles il
eftend le plus qu'il peut ; Il efcrit en fon liure
des parlements *qu'aux affemblées qui fe font dans
rvne Eglife, où conuent , l'Archeuefque precede le* Li.2.chap.1. Sect.13.n.3.
& 4.

A a

premier *Preſident, & que le Roy Henry le Grand,* *l'a iugé ainſi pour Monſieur le Cardinal de Ioyeuſe Archeueſque, contre Monſieur le premier Preſident de Verdun.* Et bien qu'il adjouſte auſſi toſt, que le contraire ſ'obſerue aux aſſemblees de l'Vniuerſité ; il monſtre luy meſme que ce n'eſt qu'vne imagination : car il renuerſe cette limitation par vn exemple qu'il rapporte au meſme endroit, en ces mots. *I'ay veu,* dit-il, *en l'Vniuerſité ou eſcoles du droiƈt, aux diſputes d'vne Regence, reſpondant Cardonne Aduocat, le ſecond de Iuin 1590. Monſieur Bertrandi, ſecond Preſident, auoir donné l'honneur & preſeance, à Monſieur le Cardinal de Ioyeuſe.*

Contre ces preuues on allegue deux choſes. La premiere qu'il n'y auoit point de premier Preſident : mais on ſçait qu'en l'abſence des premiers Preſidents, les ſeconds & autres ſuiuants, ont les meſmes prerogatiues que luy, & qu'ils ſont tous premiers Preſidents, les vns en l'abſence des autres, (au moins à Tholoſe comme le dit ſieur de la Roche le marque.) La ſecóde que c'eſtoit en temps de trouble, & que ceux qui cedoient, eſtoient des ligueurs & Archiepiſcopaux (car ce ſont les mots dont on yſe, faiſant vn nom de faƈtion, d'vn nom de religion, par lequel l'Egliſe a accouſtumé de diſcerner ceux qui ont la communion, de ceux qui en font feparez. S. Cyprian a dict, & apres luy toute l'Eglife, *Epifcopum in Ecclefia effe, & Ecclefiam in Epifcopo: & fi quis cum Epifcopo non fit, in Ecclefia non effe. Et apres, eft enim Ecclefia, plebs epifcopo adunata & paftori fuo grex adhærens.*)

Il eft facile à cognoiftre que cette deference a efté renduë à Monfieur le Cardinal de Ioyeufe, non pas à caufe des troubles (car le malheur du temps l'euft pluftoft porté à rechercher Meffieurs du Parlement, qu'à prendre aucun aduantage fur eux) mais par ce que le droict commun, & l'vfage de Tholofe le vouloit ainfi; cela fe voit par ce qui f'y pratiquoit deuant les troubles: car en l'année 1565. le 27. iour du mois de Mars, Monfieur le Cardinal d'Armagnac, lors Archeuefque, conuoqua en fon logis les Premier, Second, & Cinquiefme Prefidents: trois Confeillers, & deux des Gens du Roy du Parlement, pour traicter des affaires de l'Vniuerfité. En cette affemblée ledit feigneur Cardinal preceda, & prefida, dans fon logis, tous lefdicts Prefidents & autres de la Cour, comme il fera remarqué cy apres. Et apres la paix Monfieur le Cardinal de Ioyeufe a precedé Meffieurs les Prefidents du Parlement, aux difputes de Droict ciuil de Monfieur de la Terraffe. Et Monfieur de Verdun ayant voulu pretendre la preseance sur ledit sieur Cardinal de Ioyeuse, comme Archeuesque, fut blasmé par le feu Roy, de l'auoir entrepris ; par ces exemples on voit que la possession & le droict sont pour l'Archeuesque.

Pour l'ordre des processions, en l'année mil six cens six, vn President qui estoit en la Chambre de l'Edict à Castres, entreprit de preceder Monsieur l'Euesque à la procession de la Feste-Dieu, & la presence du Sainct Sacrement ne le retint pas de faire quelque violence, dont il fut reprimé par le feu Roy : si bien que du depuis, luy & ses successeurs ont laissé libre audict sieur Euesque l'assistance de ses deux Archidiacres, & la preseance par tout. On a mis en deliberation, si à la Feste-Dieu derniere, on entreprendroit la mesme chose à Tholose. Et enfin le quinziesme Iuin fut prise la resolution qui sera icy couchée en ses propres termes, *La Cour deliberant de la seance que le sieur Archeuesque voudroit prendre, aux Processions qui se font tous les soirs, dans l'Eglise de sainct Estienne, pendant l'Octaue de la Feste-Dieu, a arresté, qu'encore que sa place fut à fermer son Clergé, si il n'y vouloit faire le seruice, & ce faisant passer immediatement deuant le Poisle & ceux qui feroient l'office : neantmoins pour ne troubler le seruice diuin, & attendant que par le Roy en fust ordonné*

ordonné: que ❧ il vouloit aller apres, on le laisse-
roit à sa volonté, y allant auec le Rochet & le
Surpelis & le Bonnet carré, à la charge de n'a-
uoir que deux Ecclesiastiques en Surpelis, prés sa
personne deuant la Cour , & sans aucuns de ses
seruiteurs domestiques. Ceste resolution est prise sans oüyr Messieurs les Gens du Roy, &
sans en conferer auec l'Archeuesque, qui eust
fait voir, que jamais Archeuesque n'a pris place
deuant le Poisle dans son Diocese: Que ceux
qui sont soubs le Poisle, & font l'office estans
de son Clergé, il les doit suiure & auoir l'œil
sur eux: Que ny aux Processions, ny aux autres
actions, il ne doit jamais porter de surpelis, mais
y doit estre auec sa chappe pontificale, ou le Camail, ou le pluuial, à son chois: & que en presence du S. Sacrement, il ne doit point mettre
de Bonnet carré, mais doit estre descouuert:
Que le nombre & l'habit des Ecclesiastiques
qui doiuent estre prés de luy, depend de l'ordre
de l'Eglise, & non de Messieurs du Parlement, qui n'ont pas accoustumé de prendre
cognoissance de telles matieres. Que le Parlement de Roüen ayant jugé, si vn Curé deuoit
porter l'Estole ou non, son Arrest fut cassé par
le Roy, & le different renuoyé pardeuant le
Iuge d'Eglise : Que de priuer l'Archeuesque
de l'assistance de ses domestiques, estoit l'obli-

ger à porter luy-mesme, tout ce qui luy est necessaire, comme son liure, & le carreau, qui a
accoustumé d'estre porté apres les Euesques,
pour se mettre à genoux à toutes occasions,&
duquel les plus saincts & austeres ont vsé depuis plus de douze cens ans:il eust monstré,que
le preuost de son Eglise par coustume ancienne
a vn Gentilhomme prés de soy aux processions,
qui porte son Aumusse, & que l'Archeuesque
en doit auoir dauantage : il eust encores faict
voir, qu'il n'y a pas plus d'inconuenient, qu'il
aye quelques-vns de ses domestiques entre luy
& Messieurs du parlement, que d'y auoir lés
Huissiers de la Cour lors qu'elle y est en corps,
& que les Stations qui se font dans l'Eglise de
sainct Estienne,pendant l'Octaue de la Feste-
Dieu,sont des offices particuliers, ausquels jamais la Cour ne s'est treuuée, & quelquefois il
n'y a pas vn Conseiller: qui fait cognoistre que
cette resolution est prise sans necessité. Bref,
il eust fait voir que ces nouueautez contre l'v-
sage de toutes les Eglises de France, & particulierement de celle de Tholose, alloient entierement à la destruction de la Religion. Le
Concile de Trente porte en termes exprés,
*Qu'on doit rendre aux Euesques l'honneur con-
uenable à leur qualité, & qu'au Chœur,au Chapitre, Processions, & autres actions publiques, ils*

ἐν ὀρδινατίον·Codinus.
S. Eusebe de Samosate
allant en exil,estoit suiuy par vn seruiteur,qui
portoit son liure & sõ
carreau. Theodoret &
Nicephore & Sainct
Ambroise eust vn grãd
desplaisir de ce qu'vn
bon Euesque, nommé
Hyginus, estant banny
on ne luy auoit laissé
ni sa robbe, ni son car-
reau.   Ambrof.

Episcopis is honor tri-
buatur qui eorum di-
gnitati par est, eisque
in choro & in capitulo
in processionibus & a-
lijs actibus publicis,sit

doiuent auoir le premier rang, & la place qu'ils
voudront choisir, & l'authorité principale, en ce
qui sera à faire. Par ce decret, ils eussent veu
qu'ils n'ont pas droit de prescrire à l'Archeuesque sa place; que c'est à luy à la choisir, &
qu'en toutes assemblées ecclesiastiques, il a la
preseance, & la direction.

Non seulement l'Archeuesque, mais encor
tous les Euesques, qui se trouuent auec luy, doiuent preceder Messieurs les Presidents du Parlement en toutes assemblées ; comme il a esté
demonstré, qu'en celles de l'hostel Dieu, les Euesques qui s'y trouuent, se rangent prés de l'Archeuesque, deuant les Presidents: & en doiuent
vser de mesme aux processions, & autres assemblées, & aux seances dans les Eglises : comme il
fut pratiqué à Bordeaux, en l'année mil six cens
vingt-vn, où s'estant fait vne procession generale, en laquelle le Parlement se trouua en
corps ; Il fut precedé, tant en l'ordre de marcher, qu'aux seáces, par Messieurs les Euesques,
qui s'y trouuerent en bon nombre : n'estant pas
raisonnable que les Prelats se separent les vns
des autres , & quittent le rang de l'Eglise pour
prendre celuy de Conseillers, en vne action Ecclesiastique : non plus que Messieurs du Parlement ne se veulent pas separer. Et quand les
Euesques voudroient ceder, ou quitter leur

*prima sedes. & locus
quem ipsi elegerint, &
præcipua omniũ rerũ
agendarum auctoritas.
Concil. Tridens. sess. 25.*

*Concil. Tridens. sess. 25.
Non potest sancta Sy-
nodus non grauiter do-
lere audiens, Episcopos
aliquos, sui status obli-
tos, Pontificiam digni-
tatem, non leuiter de-
honestare, qui cum re-
gum ministris, regulis,
& baronibus in Eccle-
sia, & extra, indecenti
quadam demissione se
gerunt, & veluti infe-
riores ministri altaris,
nimis indignè, non so-
lum loco cedunt sed
etiam, personaliter illis
inscruiunt. Quare hæc
& similia detestans
sancta synodus, sacros
canones omnes, conci-
liaque generalia, atque
alias Apostolicas san-
ctiones, ad dignitatis
Episcopalis decorum, &
grauitatem pertinētes
renouando præcipit; Vt
ab huiusmodi in poste-
rum Episcopis, se absti-
neant, mandans eisdē,
Vt tam in Ecclesia, quã
foris suum gradum, &
ordinem, præ oculis ha-
bētes, vbique se patres,
& pastores esse memi-
nerint ; reliquis verō*

iam Principibus, quam cæteris omnibus, & eos paterno honore ac debita reuerentia prosequantur.

Concil. Cabilonense, sub Carolo Magno. Parisiē-se, sub Ludouico Pio. Capitul. Caroli Magni. cap. de quibusdam 37. dist. tot. tit. ext. de Magistris.

Ep.365.

rang en telles occasions, les Canons des Conciles ne le leur permettent pas.

Quant aux assemblées des Vniuersitez & Colleges, elles sont tellement sous le soin pastoral des Euesques, qu'ils ne peuuent estre priuez de la sur-intendance, & les prerogatiues & preseances ne leur y peuuent estre contestees sans vn trouble manifeste. Car depuis que le soleil de iustice a eu dissipé les nuages du Paganisme en France, nos Conciles & les capitulaires de nos Roys ont donné cette charge aux Prelats, laquelle auoit auparauant appartenu aux Druides, comme celle des choses sacrées : & lors qu'on a voulu establir les Vniuersitez, les conuentions en ont esté faites auec les Euesques des lieux. Il y auoit d'ancienneté dans les Eglises des Escholastres, ou Maistres d'Eschole, qui prenoient le soin de l'instruction de la jeunesse, pour les ordinaires ; & lors que les Vniuersitez ont esté instituées, ces Escholastres ont esté chágez, en plusieurs Eglises, en des Chanceliers, qui sont en ce soin, les Vicaires nais des Euesques, comme les Officiaux, Penitenciers, & Theologaux, chacun en leur fonction. Le Pape Innocent III. voulant monstrer comme les Chanceliers des Vniuersitez dependent des Euesques, qui en sont les chefs, escrit en vne de ses Epistres, que le Chancelier doit faire les fonctions que

son

son Archeuesque luy ordonne. Et vn Roy d'Aragon, seigneur de Montpellier, ayant donné permission, par lettres, à vn Docteur, de lire en Droict, le Pape Clement quatriesme luy escriuit, que ce droit appartenoit à l'Euesque, & adjoûta, *Cancellarius caput studentium, post Episcopum, in quacumque legant, vel doceant facultate, ab Episcopo ordinatur; vnde idem Episcopus caput est studij principale.* Et le Parlement de Tholose a bien recogneu ce pouuoir des Euesques, sur les Chanceliers des Vniuersitez, quand il a adjugé à Monsieur l'Euesque de Montpellier la sur-intendance de l'Vniuersité par dessus son Chancelier, par ses arrests des années mil six cens quinze, & mil six cens dixneuf. Et à Paris, Aix, & autres Vniuersitez, les Doctorats se prennent, dans la salle de l'Archeuesché.

In registro Clementis IIII. M.S. ep. 305.

Aux Estats de ce Royaume, les reglements concernans les Vniuersitez, suiuent ceux de l'Eglise, de laquelle elles dependent; à cause que l'instruction de la jeunesse, fait partie de la discipline Ecclesiastique. Les Euesques sont les juges des Escholiers, ils sont conseruateurs des priuileges accordez par les Papes aux Vniuersitez, & quand il a fallu les reformer, c'a esté des Ecclesiastiques qui y ont vacqué, comme en celle de Paris le Cardinal de sainct Estienne Legat

Monsieur de Thou en sa harengue à l'Vniuersité.
Matth. Paris hist. Angl. ad an. 1229.

c. 1. ext. de locato.
L'ordonnance de Philippe Auguste de l'an 1200.

en France, en l'année mil deux cens quinze, &
les deleguez du ᴘape Vrbain V. en l'an mil trois
Bellefoteſt en ſes grā-
des Annales.
cens ſoixante ſix, & le Cardinal de Touteuille
en l'ánée mil quatre cens cinquante deux. Bref
les Clercs & les ᴇſcholiers ont telle connexité,
c. 1. ext. de celeb.miſſ.
que le nom de Clerc, eſt commun aux ᴇſcholiers, celuy d'ᴇſcholier commun aux Clercs.

Que ſi il y a Vniuerſité aucune qui ſoit ſous
la direction des ᴇueſques, celle de Tholoſe y
doit eſtre. Guymier Conſeiller au ᴘarlement
de ᴘaris, a creu que celle de ᴘaris eſtoit Eccleſiaſtique, à cauſe que la plus grande partie des
Docteurs eſtoient Clercs, quoy qu'elle ſoit fondée & dottée par nos Roys, il y a plus de raiſon
de le dire de celle de Tholoſe, en laquelle de dix-
ſept profeſſeurs, il y en a dix pour enſeigner la
Theologie & le droit Canon, qui eſt vne ſcien-
Nouella Iuliani 115.
c. 35.
ce Eccleſiaſtique, elle eſt fondée pour ſeruir de
rempart contre l'hereſie, par ordonnance du
Legat du ſainct Siege *R. Electus Portuenſis*, &
par l'aduis des ᴘrelats de la prouince, qui l'aſſi-
ſtoient d'ordinaire: ſon ordonnance fut confirmée par Bulle du ᴘape Gregoire IX. qui porte,
que ledit Legat auoit accordé à l'Vniuerſité de
Tholoſe, les priuileges, deſquels joüyſſoit celle
de ᴘaris, & par vne autre Bulle du meſme ᴘape,
il eſt enjoint aux Comtes & Conſuls d'empeſcher les traittes des bleds qui pourroient enche-

rir les viures aux Escholiers, qui fait veoir le soin
que l'Eglise auoit de l'Vniuersité. Le Pape Iean
XXII. (qui auoit enseigné le droict à Tholose) y a donné plusieurs beaux priuileges: aussi les
Docteurs y sont créez *auctoritate Apostolica &*
Regia, par vne benediction qu'ils reçoiuent sur
la porte de la Chancelerie, les points de leurs leçons, ou des disputes qu'ils ont à soustenir, leur
sont donnez par le Chancelier, qui est vne dignité dans l'Eglise Metropolitaine, à la collation de l'Archeuesque, ou par le Vicechance-
lier, qui ne peut estre qu'vn Chanoine de la
mesme Eglise, qui soit Docteur, les lettres sont
données par le mesme Chancelier, les derniers
actes pour passer Docteur, sont faits dans la
Chancelerie, qui est dans ladite Eglise, ou l'on
reçoit le bonnet, afin que les Docteurs sçachét
qu'ils paruiennent à ce degré par la faueur du
Ciel, & recognoissent que la doctrine est vn
don de Dieu, & que la diuine bonté leur départ
d'autant plus facilement ses graces en la profession des lettres, qu'ils en recherchent les tiltres & degrez prés de ses autels.

Le Parlement juge bien que l'Vniuersité est
sous le soin & charge de l'Eglise, quand il reçoit les appellations comme d'abus, de ses decrets, & de ses ellections, comme depuis peu il
en a receu vne de l'ellection, d'vn professeur en

medecine, & Monſieur le Preſident Duranty
en a marqué d'autres exemples : il le juge bien
quand il faut doter les Maiſtres ou Regents
dont le fonds ſe prend ſur l'Egliſe, comme il
ſe voit par l'inſtitution des prebédes precepto-
riales. Que ſi l'Archeueſque n'auoit aucun pouuoir en la direction de l'Vniuerſité, feu Monſieur de Foix , eſtant pourueu à Rome de l'Archeueſché de Tholoſe , faiſoit en vain ſes deſſeins, quand il propoſoit d'auoir vn ſoin tres-
particulier des Colleges, lors qu'il ſeroit en ſa
reſidence, ſi Dieu euſt permis qu'il y fut venu.

L'Vniuerſité de Tholoſe eſt dotée par les
Archeueſques , ou par leur ſoin, ils y ont vny
des benefices, deſquels elle jouït encores, & en
paye les decimes comme les Eccleſiaſtiques, ils
ont fondé des Colleges , entre autres celuy de
ſainct Martial, dont les places ſont encores con-
ferées par leurs ſucceſſeurs. Feu Monſieur le
Cardinal d'Armaignac, Archeueſque, voyant
que l'Vniuerſité auoit trop peu de reuenu, obtint du Roy Charles neuſieſme , permiſſion
d'impoſer deux mil liures, de contribution an-
nuelle, ſur les Archeueſques, Eueſques, Abbez,
& autres beneficiez de la prouince : & ayant
eu la commiſſion, appella auec ſoy le premier,
ſecond, & cinquieſme Preſidents, trois Conſeillers, & deux des gens du Roy, du Parlemét,
qui

qui en firent le departement, fuiuant lequel cette fomme eft encore payée. Le procés verbal
qui en fut fait, eft de l'année 1565. du 27. iour de
Mars: par lequel on voit, que tant f'en faut, que
Meffieurs du Parlement pretendiffent de preceder leur Archeuefque, en ce qui concernoit
le foin de l'Vniuerfité, qu'il les appelloit chez
foy, les y precedoit, & prefidoit, fans contredit,
comme il a efté déja remarqué.

Que fi l'Vniuerfité eft foubs le foin paftoral
de l'Archeuefque, il y doit auoir les préeminences, comme fes predeceffeurs les y ont eu, deux
cens ans auant qu'il y euft de Parlement à Tholofe ; Que fi la direction en appartenoit à la
Cour, pendant tout ce temps-là, il n'y auroit
point eu de Directeurs.

Toutes les raifons qu'on allegue au contraire, font communes aux autres Parlements, qui
ne pretendent rien de femblable, & fe conten-
ten, tde juger des differents, qui naiffent fur les
appellations des parties, ou fur les requeftes des
Procureurs generaux, qui font leurs plaintes des
queftions contraires à l'Eftat (fi aucunes y fontr
traitées) & des contrauentions aux reglements
des efcholes, lefquels font faits par les Ecclefiaftiques, publiés foubs l'authorité du Roy, &
verifiés au Parlement.

Il y en a vne feule, qui femble particuliere au

D d

Parlement de Tholofe, qui eft, que les points des difputes, qui fe font pour les Chaires ou Regences vacantes, font donnés par Monfieur le premier Prefident, ou autres de la Cour: & que deux Confeillers, de fa part, affiftent aux ellections des Profeffeurs, d'où on tire vn argument de fuperiorité, auquel on refpond; Que hors les difputes, qui fe font pour les Chaires vacantes; pour tous les autres actes de l'Vniuerfité, & en toutes les facultez, le Chancelier donne les points, il donne auffi les lettres de Docteur, qui eft vn droit plus grand que de donner les points, comme le Parlement mefme l'a jugé : Car au procez d'entre Monfieur l'Euefque de Montpellier, & le Chancelier, & autres officiers de fon Vniuerfité ; la Cour ordonna par fon arreft de l'année mil fix cens quinze, que le Chancelier donneroit les points, mefmes pour les difputes des Chaires vacantes, & que l'Euefque en donneroit les lettres : Si bien que le Parlement fait en cette occafion, ce que le Chancelier feroit en l'Vniuerfité de Montpelier, lequel a pardeffus foy, l'Euefque qui donne les lettres.

Le Parlement donne ces points, pour faire obferuer fans fraude l'Ordonnance, qui veut que les Chaires vacantes foient difputées, étendant jufques-là l'authorité, que le Roy interpo-

fe , à ce que la difcipline Ecclefiaftique foit
maintenuë & obferuée: Mais la Cour, en donnant ces points , n'entend pas de reftraindre
l'authorité de l'Archeuefque, ne de prédre le re-
gime de l'Vniuerfité: car ils font donnez à l'ou-
uerture du liure, & publiez , non par le Greffier de la Cour , mais par le Scribe de l'Vniuerfité , en prefence du Recteur, & des anciens
Profeffeurs, qui jugent fi la matiere qui efchet,
eft difputable , fans que Meffieurs du Parlement en deliberent ou ordonnent. Et aux eflections des Profeffeurs , le Recteur preside &
precede les Commiffaires de la Cour, qui n'y
ont qu'affiftance muete , il recueille les fuffra-
ges, & de fa voix & de fa main crée le Profef-
feur ; Que f'il y a quelque contrauention aux
reglements, les Commiffaires en font procez
verbal, & le rapportent à la Cour. Mais cette
affiftance ne leur donne aucune fuperiorité,
non plus que lors que les eflections des dignitez de l'Eglife eftoient en vfage, les Commiffaires qui y affiftoient de la part de nos Rois,
n'eftoient pas fuperieurs de l'Eglife , ou des
Euefques.

Et fi Meffieurs du Parlemét ont donné d'office, & fans difpute, des chaires de profeffeurs à
des Confeillers de la Cour , comme ils alle-
guent, c'eft contre les Ordonnances, & ne peut

eſtre tiré à conſequence, non plus que l'authorité, de laquelle ils vſoient cy deuant, de caſſer les
eſlections des Capitoux, & d'en nommer d'autres d'office, laquelle le Roy a jugé contraire
aux droits de la maiſon de ville.

Que ſi ils auoient entrepris plus que de raiſon, pendant les longues abſences des Archeueſques, il ſeroit encore temps de ſ'en plaindre,
puis que les preſcriptions ne courent pas contre
l'Egliſe non deffenduë.

Mais, quelques prerogatiues que puiſſent
pretendre Meſſieurs du Parlement dans l'Vniuerſité, ils n'y ont jamais eu la preſeance ſur les
Archeueſques, deſquels ceux qui ont reſidé depuis ſix vingts ans, ont tous eſté Cardinaux, qui
ne leur ont pas cedé, ny peu ceder. Cela eſtant,
comment peuuent-ils dire qu'ils ſont en poſſeſſion? que ſi ils n'ont pas la poſſeſſion, & que le
droit ſoit contre eux, ſur quoy peuuent-ils
fonder leurs pretentions?

LE DERNIER DIFFERENT, eſt pour la Croix; &
c'eſt vn malheur pour l'Archeueſque, que cette
marque de la paſſion de Ieſus-Chriſt, laquelle
par ſa preſence a ſouuent appaiſé les émotions,
& réuny les eſprits diuiſez, ayt maintenant vn
effet contraire.

Cette enſeigne de noſtre redéption, eſt touſ-
jours portée deuant le Pape, & deuant les Pa-
triar-

Paul. Diacon. Ado. in
Chron. Beda. Anaſtaſ.
Biblioth.

ca. antiqua ext. de pri-
uileg.

triarches, en tous les endroits du monde, mefmes hors les limites de leur patriarchat ; les Archeuefques la font porter dans l'étenduë de
leur prouince, en tous lieux, exempts, & non
exempts, comme il eft porté par vn Canon du
Concile de Vienne, tenu foubs le Pape Clement cinquiefme : qui monftre que la Croix
n'eft pas marque de jurifdiction.

Clem. Archiepifcopo de priuil.

Que fi l'Archeuefque peut faire porter fa
Croix és lieux exempts de fa jurifdiction, il la
peut bien faire porter en la Chappelle du palais, qui n'en eft pas exempte : Car par le droit
commun, toutes les Eglifes, Chappelles, ou
oratoires qui font dans l'étenduë d'vn Diocefe,
font foubs la puiffance & authorité de l'Euefque, comme il eft porté par les anciens Conciles de l'Eglife, renouuellez en celuy d'Orleans,
qui a efté receu pour vne regle generale : Auffi
ne peut-on dreffer vn autel fans fa permiffion,
ny le dédier ou confacrer, fans luy, ou fans fon
ordre. Que fi on a quelque tiltre, qui exempte
de la loy commune de l'Eglife, il en faut donner cognoiffance ; fi on n'en a point, on ne doit
pas s'offencer, quand l'Archeuefque dit fes
droits.

*Can. omnes. 16. q. 7. om-
nes Bafilica, qua per
diuerfa loca conftructa
funt, vel quotidie con-
ftruuntur, placuit fecu-
dum priorum canonum
regula, vt in eius Epif-
copi poteftate confiftat,
in cuius territorio po-
fita funt.*

Car il eft certain que la Chappelle eft fubjet-
te à fa vifite, qu'il y peut dire la Meffe, auec fa
Croix, & autres marques de fa dignité : & que

perſonne ne l'y peut dire que par ſa permiſſion, auec laquelle Meſſieurs les Eueſques y donnét la benediction ſolennele, & officient pontifi-calement auec la croſſe.

Il eſt encores certain, que tous Meſſieurs les Preſidents, Conſeillers, & officiers du Parlement, ſont ſubjets à la iuriſdiction de l'Archeueſque, non comme officiers, mais comme Chreſtiens & enfans de l'Egliſe, qui ſont des qualitez qu'ils ne quittent pas dans le Palais, ils prenent à toute occaſion des diſpenſes de luy, ſont abſoubs de leurs fautes par luy, ou par ceux qu'il commet ; Et ſuiuant les regles des Iuriſconſultes, celuy qui les peut abſoudre, les peut condamner ; & celuy qui les peut deſlier, les peut auſſi lier. Le lieu donc & les perſonnes eſtans ſoubs ſa Iuriſdiction, il n'y a raiſon quelconque d'empeſcher qu'il ne faſſe porter ſa croix iuſques à ladite chapelle, comme ont touſiours faict ſes predeceſſeurs, veu que c'eſt le lieu où Meſſieurs du Parlement recognoiſſent qu'elle doit repoſer, pendant qu'il eſt à l'audiance ou au Conſeil.

Nous liſons dans l'hiſtoire d'Angleterre, que Sainct Thomas de Cantorbie, allant deffendre ſa cauſe, portoit luy meſme ſa croix dans le Palais, laquelle en autres occaſions eſtoit portée par ſon aumoſnier, *curiam ingreſſus eſt Thomas*

nemo qui condemnare poteſt, abſoluere non poteſt l. 37. nemo ff. de reg. iur.

Guill. Neubrig. de rebus Anglicis lib. 2. c. 16.

crucem argenteam, ante se portari solitam, propria
manu bajulans, nec alium in illo conuentu publico,
crucis bajulum, quamtumcunque rogatus, admisit,
lors la croix estoit bien receuë par tout, mesmes
au lieu ou la Iustice souueraine s'exerceoit.

Feu Monsieur Hurault de l'hospital Archeu-
uesque d'Aix, allant au Palais & faisant porter sa
croix, iusques dans la chambre du Conseil, y receut quelque empeschement de la part du Procureur general, qui souftint qu'elle ne deuoit
estre portée que iusques en la chapelle, ou
elle deuoit demeurer, la plainte en fut faite au Roy, qui ordonna que le Procureur
general viendroit rendre raison de cest empeschement. Le Parlement, desirant d'arrester
ceste procedure, deputa vers sa Majesté, Monsieur du Vair, lors premier President, pour tas-
cher de descharger ledit Procureur general de
ce decret, la harangue qu'il fit sur ce subjet est
imprimée, de laquelle il seroit tres facile de
refuter les raisons, si l'Archeuesque n'estoit resolu de se contenter des offres, que faisoit ledit
sieur premier President du Vair, pour le Procureur general ; qui sont, que la Croix soit portée
iusques à la chapelle du Palais, ce qui est d'autant plus raisonable que tous les Archeuesques
de Tholose en ont tousiours vsé ainsi, comme
la deposition de plusieurs personnes dignes de

à la fin de la derniere edition de ses œuvres.

E e ij

foy, qui l'ont veu, en eſt vn teſmoignage certain; & il n'y a pas vn de Meſſieurs de la Cour
dans la ſalle, ou eſt la chapelle, lors que l'Archeueſque y va: qui fait voir que la difficulté qu'on
y apporte eſt affectée.

Auſſi bien que la nouueauté qu'on a voulu
apporter à ſa reception, en la qualité de Conſeiller nay au Parlement, luy faiſant faire ſerment
à la Cour, & profeſſion de foy, contre la teneur
des lettres, par leſquelles le Roy Charles neufieſ-
me accorda ceſte qualité à feu Monſieur le Cardinal d'Armagnac, Archeueſque de Tholoſe,
pour luy & ſes ſucceſſeurs, leſquelles ne portent
aucune charge de preſter ſermét, encores moins
de faire profeſſion de foy, & il fut receu ſans en
faire; les lettres ayant eſté purement & ſimple-
ment verifiées & enregiſtrées, ſes ſucceſſeurs
n'en ont point fait, & ont eſté receus, comme
l'a eſté Monſieur l'Archeueſque de Paris au Parlement, & comme le ſont les Princes du ſang,
les Pairs de France, les Gouuerneurs, & tous les
Conſeillers nays, aux autres Parlements, & ce
d'autant que les Archeueſques & Eueſques
font ſerment de fidelité au Roy, pour leur dignité, & pour tout ce qui en depend. Et font la
profeſſion de foy, qu'ils enuoyent au Pape,
deuant que d'eſtre propoſez, & la repetent
quand ils ſont ſacrez; il eſt fort indecent que
Meſ

Meſſieurs du Parlement, exigent vne profeſſion
de foy de leur Archeueſque, auquel ils doiuent
rendre raiſon de la leur.

Par ces moyens le Roy iugera, que Monſieur
le premier Preſident & autres du Parlement,
ſont mal fódez en leurs entrepriſes. Et leur fera
defences, s'il luy plait, d'occuper la premiere
chaire à main gauche, du ſiege Archiepiſcopal,
affectée au grand Archidiacre, ou autre tenant
ſa place, pour aſſiſter l'Archeueſque dans l'E-
gliſe de Tholoſe, ſoit qu'il officie, ou qu'il n'officie pas. Et de le troubler en la poſſeſſion de
conuoquer les aſſemblées de l'hoſtel Dieu, &
y faire tous actes de Preſident, les preceder aux
diſputes & ouuertures des leçons, qui ſe font
aux eſcholes de l'Vniuerſité, ou autres lieux dudit Tholoſe. Et aux enterrements, Bapteſmes &
aſſemblées publiques, ou particulieres, genera-
lement quelconques, hors du Parlement. Et ordonner, que les autres Eueſques qui ſe trouue-
ront auec ledit Archeueſque, pourront prendre
place & rang prés de luy, ſans qu'aucun Preſident ou Conſeiller, puiſſe interrompre leur ordre. Qu'aux proceſſions, ledit Archeueſque
eſtant aprés le poëſle, pourra auoir au tour de
ſoy, les officiers & ſeruiteurs qu'il iugera luy
eſtre neceſſaires pour l'ordre de l'Egliſe, & bien-
ſeance de ſa dignité. Et qu'il pourra faire porter

F f

ſa croix eſleuée deuant ſoy, allant au palais iuſques dans la chapelle, où elle demeurera pendant qu'il ſera au Conſeil, ou à l'Audiance. Et
faire encore defences audit Parlement, de contraindre les Archeueſques de Tholoſe, à preſter
aucun ſerment, & à faire profeſſion de foy, en
ladite Cour. Et pour la violence commiſe en
l'aſſemblée des Iacobins, ordonner telle repara-
tion qu'il plaira à ſa Majeſté.

Reglement du Roy Henry II. en son Conseil priué, sur le rang du Parlement de Roüen, dans l'Eglise, & sur l'ordre des Procesfions.

1554.

Extraict des Regiftres du Conseil priué du Roy.

SVr la requeſte preſentée au Roy, en ſon Conſeil, par le Cardinal de Vendoſme, Archeueſque de Roüen, le vingt-neufieſme iour de Nouembre dernier paſſé, tendant à ce qu'il fut receu appellant de l'execution d'aucunes or‑ donnances, & arreſts, donnez par la Cour de Parlement de Roüen, les vingt-huictieſme Ian‑ uier mil cinq cens quarante neuf, premier iour d'Aouſt, douziéme, treiziéme, quatorziéme, ſei‑ ziéme & dixneufiéme iours d'Octobre dernier paſſé. Et en ce faiſant, qu'iceux Arreſts fuſſent declarez nuls, comme donnez par entrepriſe de iuriſdiction ſur ledit Archeueſque, & ſes offi‑ ciers, faite par les gens d'icelle Cour, Iuges in‑ competants, en ce qu'ils ont voulu donner or‑

a

dre & pouruoir, tant sur le fait des processions
generales, predications, seruices diuins, & fe-
stins de ladite Eglise & Ville de Roüen, qu'en
ce qu'ils ont fait publier leursdits Arrests & ordonnances, à son de trompe, & cri-public ; faisant deffences audit Cardinal Archeuesque de
Roüen, & à tous autres, de non deleguer Predicateurs, ne pouruoir aucunement sur le tour
desdites processions generales, qui se feroient
par l'ordonnance du Roy , ou de ladite Cour,
sans l'auctorité & ordonnance d'icelle ; & aussi
qu'il fut receu appellant de plusieurs autres entreprises, faites en semblable par icelle Cour. Et
qu'il pleust au Roy, euoquer la qualité de l'ap-
pellation, comme d'abus, interjetée par le Procureur general de ladite Cour, de certaines deffences faites de l'autorité dudit Cardinal Archeuesque, ou son Vicaire, au Predicateur nommé
par ladite Cour, de ne prescher sans l'autorité
dudit Archeuesque, ou ses Vicaires ; & pour lesquelles defences ainsi faites, auoit le Vicaire &
Procureur dudit Cardinal, esté mis en arrest par
ladite Cour ; & defences de partir de ladite Ville, sur peine de deux mil liures d'amende, ou luy
donner telle autre prouision que de raison. Et
aprés que sur ce ont esté ouys au Conseil, Maistres Claude Legeorgelier , Iean de la place
Conseillers, & Maistre Laurens Bigot, Aduo-

cat dudit sieur, en la Cour de Parlement, enuo-
yez par deuers ledit Seigneur, & son Conseil,
pour declarer les motifs & raisons, qui ont meu
ladite Cour, d'auoir donné lesdits arrests, & fait
les entreprises mentionnées en ladite requeste.
LE ROY EN SON CONSEIL, veu
lesdites requestes & arrests, ensemble, ouy sur
iceux, Maistre Adam Secard, Docteur en la faculté de Theologie, en l'Vniuersité de Paris, Vicaire dudit Cardinal Archeuesque de Roüen.
A DIT ET ORDONNE', que sans
auoir égard ausdits arrests, comme nuls, & donnez par entreprise de iurisdiction, que toutes-
fois & quantes, que par ordonnance du Roy, il
sera fait processions generales en ladite Ville de
Roüen, esquelles les gens de ladite Cour seront assistans, seront tenus en aduertir ledit Archeuesque de Roüen, où ses Vicaires, pour sçauoir & entendre de luy, le iour, heure, temps &
lieu, le plus commode pour faire ladite procession generale, & à ce que tant ledit Archeuesque, ou ses Vicaires, ou pareillemét ladite Cour,
facent leurs preparatifs & deuoir, en tel cas re-
quis, & en ce faisant, iceluy Archeuesque, ses Vicaires & autres ministres de ladite Eglise, seront
tenus de les receuoir, & donner lieu, & tel ordre & préeminence, que l'Euesque de Paris , &
ses Vicaires, ont acoustumé faire & receuoir les

gens de la Cour du Parlement de Paris, en icelles proceſſions generales, ſans ce que les gens de ladite Cour, ſe puiſſent entremettre aucunement, pour le fait de l'ordre deſdites proceſſions & predications; Auſquels gens de ladite Cour eſt enjoint, pour le bien de la Iuſtice & des ſubjets du Roy, faire leurs charges & eſtats ſeulement, ſuiuant les ordonnances. Et ſera ce preſent arreſt leu, & enregiſtré, en ladite Cour de Parlement de Roüen, à huis clos, les chambres d'icelle aſſemblées, & executé par le premier Maiſtre des Requeſtes de l'hoſtel dudit ſieur. Fait au Conſeil priué du Roy, tenu à Niſi le chaſteau, le dixiéme iour de Iuin, mil cinq cens cinquante quatre. Signé, Burgenſis.